HIST○RY 역사

미래를 여는 열쇠

국립중앙도서관 출판시도서목록(CIP)

History 미래를 여는 열쇠 / 지은이: 김현수. -- 파주 : 청
아출판사, 2014
　　p. ; 　cm

ISBN 978-89-368-1061-0 03900 : ₩16000

역사[歷史]
세계사[世界史]

909-KDC5
909-DDC21　　　　　　　CIP2014021373

HISTORY 미래를 여는 열쇠

초판 1쇄 인쇄 · 2014. 7. 21.
초판 1쇄 발행 · 2014. 7. 31.

지은이 · 김현수
발행인 · 이상용 이성훈
발행처 · 청아출판사
출판등록 · 1979. 11. 13. 제9-84호
주소 · 경기도 파주시 문발동 출판문화정보산업단지 507-7
대표전화 · 031-955-6031　팩시밀리 · 031-955-6036
E-mail · chungabook@naver.com

ISBN 978-89-368-1061-0　　03900

* 잘못된 책은 구입한 서점에서 바꾸어 드립니다.
* 본 도서에 대한 문의 사항은 이메일을 통해 주십시오.
* 이 책에 사용된 사진 중 저작권을 찾지 못한 사진은 확인되는 대로 허가 절차를 진행하겠습
니다.

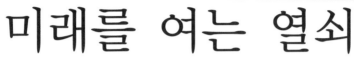

HISTORY 역사

미래를 여는 열쇠

김현수 지음

청아출판사

책머리에

21세기에 접어든 지 햇수로 15년, 예측할 수 없는 정치와 경제, 급속한 과학의 발전 속에 펼쳐지는 새로운 100년의 삶에 우리들의 불안과 기대가 점점 커지고 있다. 이럴 때일수록 역사가 주 관심 분야가 되는 것은 당연하다. 왜냐하면 미래의 삶은 살아온 과거의 모습을 얼마나 정확히 판단하느냐로 가늠할 수 있기 때문이다.

서점가에는 흥미롭고 다양한 주제들로 이뤄진 역사서들이 많이 나와 있어 미래의 삶에 대해 갈증을 느끼는 독자들의 눈과 마음을 즐겁게 해 준다. 그런데 이런 역사서들은 과거 사실들에 대한 지식 전달에 무게중심이 놓여 있다 보니, 우리 삶과 직접 연결되지 못하는 것이 자못 안타깝다. 이 책은 이런 안타까움을 일부나마 해소하려는 데 초점을 두고 쓴 글이다.

《HISTORY 미래를 여는 열쇠》는 역사의 객관적인 사실을 요약, 정리해 놓거나 집중적으로 한 곳만 분석하는 것이 아니다. 이미 보편화된 역사 사실들을 하나의 주제로 엮어 일관된 흐름으로 풀어 가는 식의 내용으로 구성하였다. 그러므로 독자들은 이 책을 통해 한 장의 지도를 보듯이 거시巨視, Marco적 관점에서 역사를 보고, 동시에 오늘날 우리 삶의 위치와 나갈 길을 발견하는 기회도 될 것이다.

2014년 7월

김현수

차례

제1장

토지
중심의
고대

제2장

신 중심의 중세

사람들이 어떤 환경에서나 쉽게 대화 화제로 올리고, 모두가 잘 알고 있다고 생각하는 것이 역사이다. 그럼에도 막상 '역사가 인간의 삶과 어떤 관계가 있는가?' 혹은 '인간은 왜 역사라는 긴 이야기를 펼치면서 살아가고 있는가?'라고 되물으면 선뜻 대답을 못한다. 왜 이런 현상들이 생기는가?

　역사는 과거의 사실을 통해 앞으로의 삶을 바로 보게 해 주는 척도라고 익히 알고 있다. 그러나 주로 과거의 사실을 알려 주는 지식 전달의 시각만을 강조했을 뿐이지, 앞으로의 삶에 어떻게 적용해야 할지에 대한 표현이 솔직히 약했다. 때문에 우리는 역사를 알고 있다고 말하지만, 사실 잘 모르고 있는 것인지도 모른다.

　역사의 주체인 인간은 누구나 완전한 자유와 평등을 느낄 수 있게끔 홀로 태어나고 죽는다. 그러나 아리스토텔레스가 '인간은 사회적 동물이다'라고 했듯이, 살아가는 동안_{탄생에서 죽음으로의 진행} 과정에 인간은 본능적으로 함께 있으려 한다. 여기서 문제가 발생하는데, 인간은 삶 속에서 상반되는 두 가지 본성인 '혼자 있고자 함'과 '더불어 있고자 함'을 동시에 소유하려고 하는 데 있다. 두 본성은 상반되기에 필연적으로 부딪칠 수밖에 없다. 그 결과 인간은 두 본성을 함께 소유하려 하면 할수록 부자유와 불평등만 자신의 삶 속에 채울 뿐이었다. 과연 둘은 공존하는 것이 불가능할까?

역사는 과거의 사실을 통해 앞으로의 삶을 바로 보게 해 주는 척도라고 했던가? 그렇다면 역사를 통해서 두 본성의 공존 여부를 찾아볼 수 있지 않을까? 다시 말해서 '개개의 인간이 공동체 삶 속에 있으면서도 자신만의 자유와 평등을 유지할 수 있는지, 그 방법을 과거의 사실들을 통해 확인하려는 것'이 역사라 가정해 볼 수 있지 않을까.

《HISTORY 미래를 여는 열쇠》에서는 바로 위의 가정을 증명해 보려 한다. 이 책은 그동안 보편성을 확보한 역사적 사건들을 '자유와 평등'이라는 핵심 주제로 엮어 내면서, 궁극에는 역사에서 우리들의 자유와 평등이 어떻게 전개되었고, 또 전개될 것인지 증명해 볼 것이다. 특히 독자의 이해를 돕기 위해 역사를 만든 핵심 사건들이나 현상들을 '미래를 여는 열쇠'로 지정하고, 그 열쇠가 갖는 역사적 의미가 무엇인지 간단히 언급할 것이다.

이 책을 서술함에 있어 구성상 몇 가지 특징들을 언급해 보면 다음과 같다.

첫째, 인간의 탄생 시점과 초기 과정을 전혀 밝혀낼 수 없는 인간의 한계성을 필자도 공감한다. 하지만 출발점이 없이는 흐름을 표현하기 힘들다. 때문에 인간의 탄생과 초기 행적에 관하여 상당히 구체적이면서도 연대기적으로 서술되어 있는 구약성경 〈창세기Genesis〉 편을 활용하면서 책의 서두를 열 것이다.

둘째, 세계사의 보편적인 시대 구분인 고대, 중세, 근대라는 표현은 독일 역사학자인 크리스토퍼 켈라리우스Christophorus Cellarius, 1648~1707에 의해 쓰였다. 필자는 이 책에서 시대 구분을 좀 더 이해할 수 있는 제목으로 구성을 바꿔 보려 한다. 고대는 영토를 중심으로 권력의 정도가 판가름나는 시기이므로 '토지 중심의 고대'라 하고, 중세는 기독교적 이데올로기에서 만들어진 사회였으므로 '신 중심의 중세'라 한다. 근대에 들어서면 인간의 자유와 평등의 쟁취가 드라마틱하게 엮어지는 시민혁명이 주축이 되므로 이를 '인간 중심의 근대'라 할 것이며, 마지막으로 우리가 살고 있는 현대는 모든 것이 돈과 경제의 정도로 평가되기에 이를 '경제 중심의 현대'라 할 것이다.

셋째, 혹자는 이런 시대 구분을 너무 서구적 시각에만 의존하고 있다고 생각할지도 모른다. 이런 점을 감안하여 이 책에는 우리와 밀접한 동아시아 역사 부분도 적절하게 배치시켜 놓을 뿐 아니라 동서 문화 교류에 관해서도 체계적으로 언급할 것이다.

넷째, 이 책은 객관적이고 역사적인 수많은 사실들을 다 포용할 수 없기에 그동안 많은 학자들의 입에 오르내리고 검증된 보편적 사건들을 주축으로 하여 이를 거시적으로 풀어 보는 형식을 취할 것이다. 이런 형식은 세계사의 흐름을 한눈에 이해할 수 있는 숲과 같은 역할을 할 것이므로, 세세한 역사적 사실들을 직접 얻고자 하는 '나무를 보려는' 미시적 시각을 지닌 독자에게는 만족을 줄 수 없을 것이다. 하지만 이들도 역사가 추구하는 근본적인 목적을 명확히 이해하는 데는 충분한 효과를 볼 수 있다고 본다.

마지막으로 역사가들은 객관성 유지가 불문율이므로, 미래에 대한 언급을 가능하면 자제한다. 《HISTORY 미래를 여는 열쇠》에서는 엮어 온 내용들을 에필로그에서 다시 정리하여 흐름의 계속성을 보여 줌으로써 독자들이 스스로 미래를 예측하게 할 것이다. 이는 객관성 유지라는 불문율을 지키는 저자의 자구책이 되기도 할 것이다.

프롤로그

　인간은 자신의 뿌리에 유달리 집착하는 성향이 있다. 한 예로 입양한 아들이 자신을 버린 부모를 찾는 것은 단지 혈육의 정이 그리운 것만이 아니라 뿌리를 통해 자신이란 존재를 바로 알고자 함에 있다.

　고고학자나 인류학자들도 인간의 뿌리를 알고자 탄생 비밀을 간직한 선사 시대^{문자가 없던 시기}를 연구하는 데 집착하고 있다. 그러나 지금까지도 인류의 최고^{最古} 조상^人이 나타난 때는 기원전 700만~200만 년 사이일 것으로 추정하는 데서 넘어서지 못하고 있다. 그래서 역사가들은 어차피 최초 시작점을 모를 바에는 차라리 문자라는 확실한 증거가 있는 기원전 4천 년경~3500천 년경^{역사 시대}을 역사의 시작 시기로 보고 있다.

　한편 구약성경 〈창세기^{Genesis}〉 편은 인간의 탄생과 초기 행적에 대해 연대기적으로 서술하고 있는데, 내용이 놀랄 만큼 구체적이다. 역사가들도 이런 점은 인정하지만, 종교적 차원이 아닌 현실적인 차원에서는 이해하기 어려운 부분이 있어 일반 역사 서술에서 제외한다. 그럼에도 우리들에게 인간의 첫 모습을 알고 싶어 하는 욕구가 있는 한 〈창세기〉 편은 관심의 대상일 수밖에 없다.

초기 역사의 흔적은 보편적으로 고고학을 통해서 이해하지만, 잠시 성경의 〈창세기〉 편을 통해서 엿보도록 하자.

〈창세기〉에는 인간을 표현할 때 하나님이 만든 아담과 아담의 몸 일부로 다시 만든 하와^{이브}로 형성된 가족^{공동체}을 먼저 언급하고 있다. 〈창세기〉 2:18-23 역사의 주체인 인간은 누구나 아담처럼 홀로 태어나고 죽는다. 하지만 아리스토텔레스가 "인간은 사회적 동물이다."라고 언급했듯이, 인간은 살아가는 동안에는 아담과 하와라는 가족^{공동체}처럼 본능적으로 함께 있으려 한다. 이 부분이 이해가 된다. 이어서 〈창세기〉엔 아담과 하와가 하나님의 배려로 삶에 필요한 모든 것이 구비되어 있는 에덴동산에 살았지만, 그곳에서 유일하게 금지된 선악과를 먹는 죄를 짓고 생존을 목적으로 살아야 할 황량한 땅으로 쫓겨남이 기술되어 있다.〈창세기〉 3:6-23 이 부분은 인간의 역사가 생존을 목적으로 서로 치열하게 투쟁하며 오늘까지 이어져 오는 현실 역사를 이해하게 해 준다. 에덴동산을 떠난 이후 아담과 하와를 다시 보자. 황량한 땅이지만 이들의 자손이 번성했는데, 그들이 생존을 넘어 번성할 수 있는 방법이 무엇인지가 궁금하다. 역시 〈창세기〉에 이해의 실마리가 보인다. '아벨은 양 치는 자고 가인은 농사짓는 자다'가 그것이다.〈창세기〉 4:2 선사고고학적 분석에서도 가금을 키우던 흔적과 채집에서 흙에서 곡물을 생산하는 형태농업혁명로 지혜를 깨친 것이 인간의 생존과 번성을 위한 주된 방식임을 말하고 있음과 〈창세기〉 내용은 일맥상통함을 알 수 있다

기원전 1만 년 전후로 추정되는 대홍수는 세계 어느 곳에서나 나름대로의 이야기가 전해진다. 물론 마지막 빙하기를 지낸 후의 자연현상으로 초기 신석기기원전 8천 년경에 세계가 물에 잠겼으리라는 학자들의 주장은 보편적이다. 그러나 후기 신석기기원전 6천~5천 년경에 농사짓는 법을 깨친 인간들이 범람하는 강물이 천연 비료가 되기 때문에 큰 강 유역〈창세기〉 2:10-14 참조에 농경을 위해 정착해 있다가 홍수 피해를 고스란히 당한 경우도 있을 것이다. 이런 피해 속에서 살아난 일부 무리들의 이야기가 홍수 설화로 만들어졌을 것이란 주장도 설득력이 있다. 한편 창세기에는 노아 때의 홍수 관련 내용을 담고 있다. 내용 중에 홍수가 일어난 후 노아가 150여 일 만에 뭍에 나오고 이후에는 물로 인한 심판은 없다는 하나님의 언약의 말씀을 듣는 부분이 있다. 〈창세기〉 9:11 이는 당시 홍수로 인한 범람이 관개 치수라는 인간의 지혜로 극복되었을 수도 있다는 관점과 연관 지어 이해해 볼 수 있다.

고고학적 분석으로 보면, 인간이 물을 다스리기 시작하자 농업이 급속히 발전하였고, 그들의 생존 가능 지수도 높아졌다. 이 때문에 공동체를 형성하던 인간들의 공동체 단위가 커져 국가 혹은 민족으

로 확산되었다. 4대 강 문명의 주요 발상지인 서아시아^{오리엔트} 문화권에는 나일 유역의 함족^{이집트}, 북방 고지대 및 해양 민족인 인도유럽어족^{히타이트, 캇시트, 페르시아 등}, 사막 지대 민족인 셈족^{아무르, 아시리아, 페니키아, 헤브라이 등}이 있다. 창세기에도 이 부분이 할애되고 있다. 노아의 세 아들 이름은 셈, 야벳, 함인데^{〈창세기〉 7:13} 이들 자손들이 만든 무리가 바로 위에 언급된 민족들의 유형과 동일하다. 특히 성경을 통해 야벳은 "하나님께서 넓고 크게 만드시리라."라는 이름의 뜻대로 그 자손들이 크게 번성하여 유럽과 북부의 아리안족^{인도유럽어족}을 형성한 것을 알 수 있다. 〈창세기〉 10:2-4

물을 다스린 이후 국가 단위로 커진 공동체들은 공동체 내에서 사용할 언어가 필요했는데, 〈창세기〉에는 바벨탑을 통해 공통 언어^{상형문자}가 형성되었음을 암시하고 있다. 또 하나님이 땅의 언어를 혼잡하게 했다고 기술함으로써 상형문자로 시작하였던 언어가 시간을 두고 여러 언어들로 변하고 나누어졌음을 관련지어 생각해 볼 수 있게 해 준다.^{〈창세기〉 11:9} 서아시아 지역만 보더라도 처음은 상형문자에서 시작해서 크게는 설형문자, 페니키아 문자, 헤브라이 문자, 아람 문자 등 다양한 문자들이 보였다.

바벨탑 사건 이후 문자를 중심으로 하는 역사시대가 본격적으로 시작된다. 이때부터 기록이 남겨지면서 인간의 과거는 역사 속에서 현재를 넘나들게 되었다.

제1장

토지
중심의
고대

***

 실질적인 고대 역사의 시작은 농사를 짓게 된 농업혁명 이후 부터이다. 이때 씨족 단위로 흩어져 살던 인간들이 4대 강 유역으로 모여들었고, 이어서 고대 국가의 형태가 성립되었다. 이렇게 시작한 고대사 진행 과정에 좀 더 주목해 보면 공통분모가 보인다.

첫째, 고대인들은 삶과 직결된 농사였기에 가장 좋은 토지를 서로 장악하려고 끝없이 투쟁하였다. 둘째, 협업을 할 수밖에 없는 농업의 특성상 고대인의 생활 방식이 군집 형태가 되자, 이를 통치하는 권력자가 등장했다. 그 권력자 역시 권위의 기준은 좋은 토지와 적당한 강을 획득하는 데 있었다. 셋째, 고대 사회의 실질적인 구성체인 시민 계급도 토지가 있는 유산 시민층과 토지가 없는 무산 시민층으로 구성되었다. 넷째, 고대 권력자들이 더 넓은 땅을 장악하고자 이웃 국가들을 정복했다. 그 과정에서 생성된 부산물인 노예 역시 자유의 속박 언급 이전에 자신의 고향, 소유한 땅이 없다는 등 토지를 기준으로 표현할 수 있었다.

이로써 농업 중심의 고대 동서양은 '토지 중심의 고대'라는 주제로 내용을 풀어낼 수 있다.

***

정령숭배와 신권적 전제 정치

고고인류학에서 확실한 인류의 조상을 더듬어 보면 케냐에서 발견된 기원전 200만 년의 호모 하빌리스, 호모 루돌펜시스, 호모 에르가스터 등에서 시작된다. 그리고 기원전 60만 년즈음에 등장한 불을 사용한 흔적이 있는 자바인, 기원전 10만 년 즈음에 등장한 하이델베르크인과 네안데르탈인으로 점차 이어졌다고 볼 수 있다. 그중 네안데르탈인에 대한 학계의 반응이 좀 특이했다. 앞의 종들에 대해서는 인간의 조상일지 모른다고 했지만, 네안데르탈인만큼은 진정한 인간이라고 자신 있게 주장하는 경향이 있

네안데르탈인 복원 모형

기 때문이다. 이런 주장의 근거는 인간만이 갖고 있는 '생각의 흔적'이 네안데르탈인에게 발견되었기 때문이다.

네안데르탈인의 생활 방식은 수렵^{사냥}이었다.

세계 4대 문명 발상지

거친 타제 석기로 맹수들에 근접하여 사생결단을 할 때가 많다 보니
자연히 두려움을 느끼기 시작하였고, 궁극에는 초인적인 것에 의지
하려는 지혜가 생기기 시작했다. 이는 네안데르탈인의 주거지에서
사냥을 떠나기 전에 몸에 붉은 흙을 바르는 사냥 의식과 더불어 사
냥하다 동물들에게 물리거나 맞아 죽은 동료를 매장_{죽은 자의 힘을 빌리려 함}
하는 풍습의 흔적이 발견된 것에서 엿볼 수 있다. 사실 매장은 생각
을 가진 인간만이 할 수 있는 행동이 아닌가? 이때부터 인간은 두려
움을 생각하는 동물_{영장}로 자신보다 강하거나 신비로운 것이라면 무

엇이든 맹목적으로 의지하는 모습을 보였다. 이것이 '정령숭배精靈崇拜'의 기원이다.

정령숭배의 형태는 어느 지역이든지 그곳 환경에 맞게 정립되어 있으며, 정령숭배가 좀 더 구체화된 모습은 구전口傳 설화로 확대되어 나타났다. 특히 설화는 인간의 마음 깊숙이 존재하는 자신의 근원Arche을 알고자 하는 욕구가 표현된 것이며, 동일한 설화를 받아들이는 무리가 많이 모이면 안착된 '초기 부족' 형태가 성립되곤 하였다.

농업혁명 이후 큰 강을 중심으로 많은 부족들이 모여 일정한 시간이 흐른 뒤 광범위한 영토와 인구를 소유한 고대 국가를 형성하게 되었는데, 여기에는 강력한 신권적 지도자가 필요했다. 당시 지도자의 자질 중 첫째 조건은 강물을 다스리는 것이다. 이유는 농사짓는 데 가장 필요한 천연 비료를 적당한 범람으로만 얻을 수 있기 때문이다. 그러나 강물을 다스리는 것은 사람의 힘으로 되는 일이 아니다. 그러므로 혹시 범람을 다스리지 못해서 나타날 민중의 불만을 차단하고자 지도자는 신적 요소를 자신의 통치 방식에 가미해 신권적 전제 군주가 되었다. 이때부터 인간은 자신의 부족한 부분을 채우기 위해 정령을 숭배하던 형태를 초인적인 한 인간에게 의지하는 것으로 바꾸었다. 바야흐로 국가 공동체 속에서 한 명의 전제적 지도자에 의해 나머지 민중이 부자유를 겪는 불평 요소가 드러나기 시작한 것이다. 그러나 민중은 정령숭배적인 의식으로 전제 군주를 신처럼 대하며 따랐기에 자신들의 부자유와 불평등을 전혀 인식하지 못했다.

이런 가운데 토지를 중심으로 한 고대의 역사는 점차 무르익어 가기 시작하였다.

서아시아

(오리엔트)

문화

농업혁명으로 큰 강을 끼고 발전하던 고대 국가가 만든 문화는 크게 서아시아 지역과 인도, 중국으로 나누어진다. 여기에서는 먼저 서아시아 지역을 간단히 살펴보면서 이곳에서의 인간의 자유와 평등에 관하여 살펴보자.

튀니지의 역사 철학자 이븐 할둔은《이바르의 책Kitab al-'Ibar》권두卷頭인 〈역사서설歷史序說〉에서 인간 사회의 변동과 그 단계에 대하여 일정한 법칙을 세웠다. 그의 이론은 이러하다.

파라오 투탕카멘의 가면

인간의 사회 형태는 두 개의 전형적인 것이 있다. 하나는 유목민의 부족 사회인데, 이 사회는 강건하고 자유로운 생활이 이뤄진다. 다른 하나는 정착 주민의 도시국가인데, 이곳은 인간의 인간에 대한 지배와 정신의 연약화가 이뤄진다. 인간의 역사는 유목민의 도시

국가로 향한 움직임을 축으로 전개되는데 사회 형태나 정신 활동도 그것에 따라 변한다.

이븐 할둔의 이론에 가장 근접한 곳은 다름 아닌 서아시아오리엔트 문화권이다. 이집트 지역은 정착형 농경 사회로서 대규모의 인원과 강물, 비옥한 토양이 필요했다. 이런 조건을 다 갖춘 나일 강 하류는 외세의 침략을 잘 받지

이집트 왕조의 변화

✦ **고왕국** 피라미드 시대, 1~10왕조 (황금시대, 기원전 2040년까지)
✦ **중왕국** 귀족의 득세, 11~17왕조 (암흑시대, 기원전 1570년까지)
✦ **신왕국** 대외 영토 확장기, 18~26왕조 (제국주의 시대, 기원전 525년까지)
✦ **말기 왕조** 아시리아의 지원, 27~30왕조(323년까지)
✦ **알렉산더 점령 및 프톨레마이오스 왕조** 그리스 로마계 왕조(기원전 30년)

않는 폐쇄적 지형이었기에 강력한 군주인 파라오태양의 신가 신권 정치를 펴면서 안정된 이집트 왕국을 건설하였다. 고대 이집트 민중이 살아 있는 신神인 파라오에게 모든 것을 의지하다 보니, 이집트는 서아시아 문화권에서 신권적 전제 정치가 가장 돋보였다.

메소포타미아 지역에서는 유프라테스와 티그리스 강 사이가 지형적으로 농경에 적합하였다. 하지만 이곳은 주변국들에게 개방되어 있어 정착민들은 잦은 침략에 시달리느라 안정된 왕국의 뿌리를 내릴 수 없었다. 이런 이유로 '비옥한 초승달'이라 불리는 일부 지역을 제외하고는 농경보다 목축을 중심으로 발달하였다. 이 지역 민족들은 생존해야 했으므로 강건하였고, 목축 때문에 이동하다 보니 자유롭고 진취적이었다. 이 지역에 형성된 왕국들에서도 인간에 의한

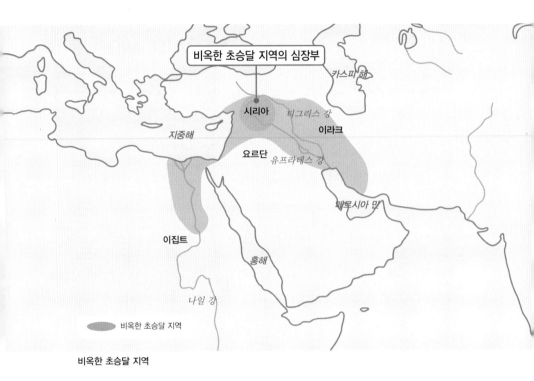

비옥한 초승달 지역

신권적 전제 정치가 발달해 있었으나 이집트만큼 강력하지는 못하였다. 왜냐하면 개방적 지형 때문에 타 민족의 침략이 빈번하다 보니 민중들은 불확실한 미래의 삶에 대해 전제 군주보다 미래를 점쳐 주는 주술가들에게 더 의존하는 형국이었기 때문이다.

　메소포타미아 중서부 지역에서 기원전 1800년경 도시국가로 출발한 목축형 아시리아는 기원전 671년, 메소포타미아 전 지역과 농업형 이집트를 정복하여 세계 최초의 서아시아 통일 왕국을 이룩한다. 비록 통일 국가로서의 통치 준비가 미흡하여 50여 년 만에 망했지만, 나름대로 큰 역할을 했다. 그것은 기원전 540년경에 티그리스 강 동쪽에 있던 고대 페르시아가 서아시아 전 지역을 다시 통일하는 기틀을 마련해 준 것이다. 결국 서아시아 지역은 고대 페르시아 제국 때 명실공히 이븐 할둔의 이론에 걸맞은 농경과 목축을 합한 본격적인 문화를 꽃피웠다.

고대 페르시아 제국에 의해 통일된 서아시아 지역은 찬란한 문화의 꽃을 피웠지만, 신격화된 전제 군주를 제외한 모든 서아시아인들은 문화를 즐길 만한 자유와 평등이 없었다. 하지만 초인적인 전제 군주를 믿는 그들 스스로도 자유, 평등의 필요성을 의식하지 못했다.

메소포타미아 지역 주요 국가들

+ **수메르** 기원전 5000년경
+ **아카드 제국** 기원전 2350년~기원전 2193년
+ **우르 제3 왕조(신수메르기)** 기원전 2119년~기원전 2004년
+ **고바빌로니아** 기원전 1800년~기원전 1700년
+ **신히타이트** 기원전 1100년~기원전 700년
+ **신아시리아 제국** 기원전 1000년~기원전 700년
+ **신바빌로니아 제국** 기원전 700년~기원전 600년
+ **페르시아 제국 아케메네스 왕조** 기원전 600년~기원전 400년

미래를 여는 열쇠
Check It

🔑 신권적 전제 군주-파라오, 길가메시

특정인만 절대적 자유와 평등을 누리고, 공동체 속의 대다수는 부자유와 불평등에 놓이는 환경을 4대 강 문명 발상지 중 한 곳인 서아시아 지역에 등장하게 한 열쇠이다.

인도
(인더스 강과 갠지스 강)
문화

강 또는 호수라는 의미를 가진 신두Sindhu, 페르시아인이 그리스에 전하여 India가 됨에서 시작된 인도 문화는 어떻게 형성되었으며, 이곳에서의 인간의 자유와 평등은 어떠하였나?

메소포타미아의 수메르인이 문명을 전해 준 덕분에 드라비다계 인도인은 인더스 강 유역에 모헨조다로나 하라파 같은 고대 초기 형태의 도시국가를 형성하였다. 이 문명은 인더스 강의 범람을 이겨 내지 못하였고, 수메르로부터 문명의 전달이 단절되자 곧 사라졌다. 하지만 이렇게 전해진 수메르 문명의 불씨는 인도유럽어족에 의해 다시 살아나 기원전 2500년경부터 인더스 강 동쪽의 비옥한 펀자브 지방에서 문명이 새롭게 시작되었다. 펀자브 지방에서 지펴진 문명의 불꽃은 갠지스 강 유역으로 확대되어 베다 시대에 접어들면서 본격적으로 문화의 불꽃을 피우게 되었다.

베다 시대의 베다Veda란 구전되어 오던 찬가, 제사, 주사 등을 모아 산스크리트어로 기록한 문헌이다. 베다에는 리그베다Rig-Veda, 신에 대한 찬가의 집성, 사마베다Sama-Veda, 노래하기의 집성, 아타르바베다Atharva-Veda, 제사 노

초기 인더스 문명

아리아인의 이동으로 새롭게 형성된 인더스 문명

베다 시대의 정치적 수장인 라자

래의 집성가 있는데, 그중 대표적인 것은 리그베다로 원시 힌두교의 성전聖典이 되었다. 리그베다를 기반으로 다스리는 초기 정치적 수장은 라자Raja인데, 그는 여러 부족의 공동 지배권을 갖고 있었다. 라자는 때에 따라 선거로 결정되기도 했으나 세습이 일반적이었다. 다만 즉위에 앞서 민중의 승인을 얻어야 했는데, 이런 상황 때문에 라자의 권위는 약할 수밖에 없었다. 베다 문화가 점차 안정되고 확대되자 라자도 약화된 권위를 강화시킬 수 있는 길을 모색하였다. 그것은 신권적인 힘을 빌리는 것이며, 이를 해결한 것이 브라만이라는 사제 계층이었다. 브라만 사제들은 라자의 권력 강화와 직결된 자신들의 역할을 알게 되자 영화와 부귀를 세습적으로 이어 가려는 바나르카스트란 계급 제도를 만들었다. 이 계급 제도는 라자의 지위를 유지하게 할 뿐만 아니라 인도인을 계층별로 분리해 놓음으로써 라자를 보필하는 브라만 계층의 권위에 대한 여타 민중의 간섭을 완벽히 차단하는 효과를 낳았다. 따라서 브라만 계층의 권위는 더욱 강해질 수 있었다.

이로써 라자와 브라만 계층은 상호 협력하에 공동 통치 형태의 신권적 전제 정치를 성립하였다.

인도 사회를 고정화시킨 카스트 제도로 인도인 대부분을 차지하고 있는 중하층인들바이샤, 수드라은 자신의 자유와 평등을 소수의 상층인들브라만, 크샤트리아에게 속박당하게 되었다. 결국 일부 계층을 제외한 고대 인도인은 당시의 찬란한 문화를 꽃피웠음에도 이를 누릴 자유와 평등이 없었다.

인도 카스트 제도

사제
브라만

제사 의식 거행

정치 · 군사 담당

농 · 공 · 상인, 납세의 의무

왕족 · 무사
크샤트리아

아리아인

정복당한 민족

평민
바이샤

노예
수드라

선주민

미래를 여는 열쇠
Check It

🔑 **브라만 사제 계층**

브라만 계층은 특정 계층만 자유와 평등을 누리고, 공동체 속의 나머지 계층은 부자유와 불평등에 놓이는 환경을 인도 지역에 등장하게 했다.

🔑 **카스트 제도**

강력한 신권적 전제 군주가 있던 서아시아에 비해 상대적으로 왕권이 약하게 형성되어 공동체에서 조금씩 불만이 자랐는데, 카스트 제도는 이 불만을 자라게 한 중심이 되는 열쇠이다.

중국
(황하)
문화

중국 문화의 근원지가 된 황하는 북쪽^{위도 35도경}에 위치해 있어 서아시아나 인도 문화의 젖줄기인 강들^{위도 25도경} 부근의 기후보다 추웠다. 따라서 많은 인간들이 모여 살기에는 쉬운 환경이 아니었다. 그러나 범람을 통한 비옥한 토양과 사계절이란 독특한 기후 조건 때문에 결국 이 지역도 농경 문화의 중심지로 올라섰다. 하지만 그때는 이미 서아시아나 인도 지역보다 천여 년이 늦은 때였다. 그러다 보니 4대 강 유역 문명지 중 문자가 없던 '전설의 시대'가 오래 지속되었다는 특징을 갖고 있다. 이런 중국 문화의 출발과 연결하여 중국인의 자유와 평등에 관하여 살펴보도록 하자.

갑골문자

'전설의 시대'는 신격화된 소수의 인간들에 의해 전제적으로 통치되었음을 구전ロ傳을 통해 엿볼 수 있다. 대표적 예가 하늘에서 내려왔다는 황제黃

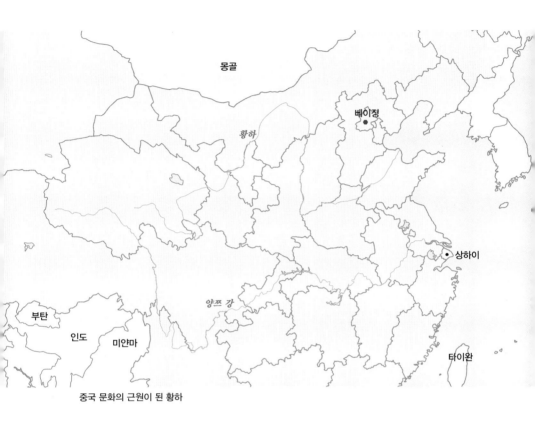

중국 문화의 근원이 된 황하

㉺이다. 황제는 문자를 창조하고, 의식주의 기본이 되는 기술을 발명했으며, 천문과 역법도 제정했다고 전해진다. 그러나 이 모든 것은 전설 속의 이야기일 뿐 중국의 역사는 우禹왕의 치수治水가 성공한 뒤 농경 사회가 번성하며 형성된 하夏 왕조를 거쳐 갑골문자가 생긴 은殷 왕조, 이어서 역사 서술이 시작된 주周 왕조 때 본격화되었다.

주 왕조의 경우, 왕실과 제후가 종법宗法에 의해 대종大宗과 소종小宗의 관계로 엄격히 규제되었다. 이런 제도에서는 천자의 적장자만이

선진(先秦) 시기

+ **하(夏)** 기원전 21세기~기원전 17세기. 대체로 실존했던 국가로 받아들여진다.

+ **상(商)** 기원전 17세기~기원전 11세기 중반. 은허로 수도를 옮긴 이후에 은(殷)이라고도 불렸다. 은허 유적 발굴 이후 실존했던 국가로 인정됐다.

+ **주(周)** 기원전 1050년경~기원전 770년. 상(은)나라의 제후국이었다가 패권을 잡았다. 주의 왕을 처음으로 천자(天子)라고 불렀다.

+ **춘추전국(春秋戰國) 시대** 기원전 770년~기원전 403년. 주나라의 제후국들이 주의 천자를 존중하고 각자의 세력을 다투던 시기. 공자의 연대기《춘추》에서 유래한다. 제(齊) 환공(桓公), 진(晉) 문공(文公), 초(楚) 장왕(莊王), 오(吳) 합려(闔閭), 월(越) 구천(勾踐) 등 5제후를 춘추오패라고 부른다.

+ **전국(戰國) 시대** 기원전 403년~기원전 221년. 전한 말기 유향(劉向)이 편찬한《전국책》에서 유래했다. 진(秦), 한(韓), 제(齊), 위(魏), 조(趙), 연(燕), 초(楚)라는 전국 칠웅이 난립한다.

천자가 될 수 있는데, 이를 대종이라 한다. 제후, 대부 등 나머지는 소종이다. 때문에 주 왕실은 처음부터 확고하게 신격화된 전제 군주천자, 天子로 이어졌고, 그의 위치는 실질적으로도 확고부동하였다. 기원전 8세기경에 시작된 혼란한 춘추春秋 시대와 기원전 5세기경에 시작된 전국戰國 시대에도 천자는 하늘에서만 지명할 수 있다고 믿었다. 각 제후국들은 이를 없애려 하기보다 천자를 보필할 일등 제후국이 되어 전국全國의 실권을 장악하고자 애썼다. 당시 약화된 주 왕조를 붙들고 제후들을 연합해 맹주가 되어 주나라 봉건제도의 질서 유지에 임하는 자를 '패자覇者'라 일컬은 데서도 역시 '천자 보필' 성향을 알 수 있다.최초의 패자가 된 자는 제(齊)나라 환공이었다 이는 신격화된 주 왕실을 당시 중국인들이 철저히 인정했던 것을 의미한다.

　당시 중국인은 표면적으로는 카스트 제도하의 인도인만큼 자유와 평등을 억압당하지 않은 것처럼 보이지만, 사실은 그렇지 않았다. 기원전 221년에 최초로 중국을 통일한 전제 군주인 진 시황제는 중국을 통일하는 과정에서 극에 달한 전제 군주의 모습을 보여 준다. 당시 시황제는 백성에게 갖가지 노역을 부과했을 뿐 아니라 수없이 많은 건설 사업에 동원했다. 아방궁, 운하 등 대규모 건축공사를 일으켰고, 장기간 계속된 남방 정복 전쟁에도

진 시황제

끌고 다녔다. 더군다나 전쟁과 토목공사 비용으로 백성에게 중세重稅를 할당하여 매년 수입의 3분의 2를 정부에 바치게 하였다. 그러므로 고대 초에는 중국인들이 개개인의 자유와 평등을 누린다는 것을 상상조차 할 수 없었다.

미래를
여는
열쇠
Check It

🔑 신권적 전제 군주-천자(天子)

특정인을 제외한 공동체 속의 모두가 부자유와 불평등에 놓이는 환경이 4대 강 유역 문명의 마지막 한 곳인 동아시아(황하) 지역에도 동일하게 등장했다.

소아시아
(헤브라이)
문화

앞에서 살펴본 바와 같이 유라시아의 4대 강 유역에서는 신격화된 인간의 통치가 이뤄지고 있었다. 이제부터는 특이한 두 지역을 언급하고, 그곳에 거주하는 인간들의 자유와 평등에 대하여 살펴보자.

먼저 메소포타미아 문명권의 서쪽 광야 지역에 유일신 여호와의 직접 통치를 받는 민족이 있었다. 바로 소아시아의 가나안 지역에서 방랑과 정착의 긴 여정을 보내는 헤브라이인이다.

유대인의 조상인 아브라함이 기원전 2000년경에 메소포타미아 지역에 가장 번성한^{갈대아} 우르에서 여호와의 약속을 믿고 자신의 가족만으로 길을 떠난 후, 그와 자손들에게 계속적으로 여호와의 인도가 있었음이 구약성경 〈창세기〉 편에 기록되어 있다.

당시 천막 생활을 하면서 가나안 광야를 떠도는 그들 주변에 철기 문화를 갖고 히타이트 왕국이 등장했다. 기원전 1750년경 메소포타미아 지역을 휩쓸기 시작한 히타이트의 강력한 철기 문화권 안에서 그들이 보호받을 수 있는 지역은 청동기 문화권이 고도로 발달한 이

고대 헷 왕국

흑해

카스피 해

하란

알레포

고대 바빌론 제국

카트나

티그리스 강

지중해

다마스쿠스

세겜

예루살렘

바빌론

유프라테스 강

헤브론

우르

애굽 왕국

나일 강

파사 만

아브라함의 이동

집트밖에 없었다. 여호와는 요셉을 통해 헤브라이인을 이집트로 옮기고, 300여 년 동안 그곳에서 그들의 생존뿐만 아니라 국가를 형성할 만큼 인구를 번성시킨 후 가나안으로 되돌아오게 하였다.

돌아오는 과정에도 모세를 통해 여호와가 직접 통치하고 이끌었으며, 가나안 지역을 헤브라이인의 영토로 만들 때에도 여호와가 함께하였다. 또한 왕사울, 다윗, 솔로몬이 있던 통일 왕국 시기와 이후 유대와 이스라엘의 분리 왕국 때에도 왕을 여호와의 대리인으로 사용하며 직접 통치를 하였다.

이렇듯 유일신의 직접 통치를 받는 헤브라이인의 자유와 평등에 관한 인식은 독특했다. 예를 들어 헤브라이인들이 여호와의 통치를 따르면 강력한 여타 국가들로부터 생명 보전뿐만 아니라 누구나 평등하게 먹을 수 있는 음식^{만나와 메추리}, 젖과 꿀이 흐르는 자유의 가나안 땅이라는 미래가 보장되었고, 여호와의 통치를 멀리하면 이런 자유와 평등은 사라지고 분열과 죽음만 있었다.

다시 말해서 신격화된 전제 군주가 통치하는 4대 강 유역 왕국들은 전제 군주만의 자유와 평등을 위해 모든 인간이 부자유와 불평등을 감수해야 했다. 하지만 유일신 여호와의 절대 통치하에 있는 헤브라이인은 여호와에게 자신들의 자유와 평등을 의탁하고, 몇 배의 자유와 평등을 되돌려 받았던 것이다. 헤브라이 문화는 로마 말기에 국교로 공인된 기독교의 뿌리가 되었으며, 그 의미는 중세 기독교 문화의 의미를 파악하는 가운데 해석이 된다.

지중해
(그리스)
문화

고대 문화의 발상지인 4대 강 유역은 신격화된 전제 군주가 통치하고 있었고, 이것이 당시의 보편적 통치 행태였다. 그런데 두 지역만은 이런 보편적 통치와 다른 독특한 모습을 보여 주었다. 한 지역은 유일신 여호와가 직접 통치하는 소아시아 문화권의 헤브라이 지역이었고, 다른 지역은 신과 분리된 인간에 의해 통치가 이뤄진 지중해 문화권인 고대 그리스 지역이었다.

그리스의 대표적 서사시인 호메로스의 〈일리아드〉, 〈오디세이아〉에는 그리스 신들과 인간의 조화로움이 잘 표현되어 있다. 특히 두 서사시에 묘사된 사건들은 모두 신이 감정을 갖고 배후에서 조종하며, 신의 뜻에 의해 진행된다. 그렇다 보니 호메로스는 그리스인에게 신의 힘에 대해 말하지만, 반드시 신에 대한 경건을 강요하는 것이 아니다. 어디까지나

호메로스 두상

그리스 12신들

인간적인 측면에서 이해할 수 있게 하였다. 이런 호메로스의 신에 대한 관념은 경전이나 성서 등 종교서를 갖지 못했던 그리스인에게 신앙의 근거가 되었다.

여기에 문제가 있다. 당시 다른 지역들은 신격화된 인간이 직접 통치했으므로 인간들이 실질적으로 접촉 가능한 신들이었지만, 그리스인이 듣고 느끼며 믿는 신들은 모두 신전에서 차가운 석상이나 청동상으로 존재할 뿐 실제로 보거나 만질 수 없었다. 결국 그리스 신들은 그리스인의 상상 속에서 인격화되어 등장할 수밖에 없었다. 특히 그리스 12신이 노하고 질투하는 인간적인 신들로 표현된 것은 그리스인에게 상상의 자유로움과 심지어 신들과의 평등감까지 느끼게 만들었다.

더구나 그리스는 지형적으로 산악과 섬들이 많아 단일 국가보다는 고립된 지역 사회로 발전하였다. 그런데 지역적, 사회적 통치는 인간의 자유와 평등을 억누르는 강력한 신권적 전제 군주의 등장을 필요로 하지 않았다. 그리스에도 정치, 경제, 군사, 종교에서 최고 권력을 장악한 왕이 있었지만, 서아시아의 전제 군주와 달리 주위에 지주이자 기사인 유력한 귀족들이 왕권을 뒷받침해 주는 동시에 억제하고 있었다. 결국 국가 대사는 귀족들을 포함한 시민의 총회^{민회}에서 다뤄졌고, 시민들이 참여하되 실질적인 정치

고대 그리스의 발전

+ 기원전 2600년경 크레타 섬에서 청동기 문명 발생
+ 기원전 1900년경 인도유럽어족의 그리스 반도 침입
+ 기원전 1700년경 크레타 문명 성숙기. 서아시아 문화와 지중해 문화의 혼합
+ 기원전 1600년경 미케네 문명 시작. 서아시아 문화, 지중해 문화, 유럽 대륙 문화의 혼합
+ 기원전 1200년경 철기 문화를 지닌 도리아인 침입
+ 기원전 750년까지 도시국가(폴리스) 성립
+ 기원전 500년까지 식민지 확장

는 귀족을 중심으로 운영되고 있었다. 이런 환경 때문에 귀족과 민회라는 한계가 있지만, 고대 세계 문화권에서 유일하게 자유와 평등을 누린 인간^{데모스}들이 존재하는 곳은 그리스 지역이 었다.

미래를 여는 열쇠
Check It

🔑 호메로스와 그리스 신들

기존 4대 강 문명 지역에서와 달리, 그리스에 개인의 자유와 평등을 유지하는 현실적인 공동체를 구성하게 했다.

기원전
6세기

역사에서 기원전 6세기는 의미가 크다. 원시 사회에서 인간이 제각기 표현하던 사고思考들이 공동체 생활이 시작된 후 각 지역의 특성에 맞게 체계화된 시기이기 때문이다. 이때부터 공동체 안에서 인간의 자유와 평등권이 점점 커진 지역이 있는가 하면, 더 속박되고 유린되는 지역들이 나온다.

먼저 그리스 지역을 살펴보자. 상상 속에서 신을 믿고 있던 그리스에서는 신의 세계에 대한 궁금증이 커져 만물이 시작하고 소멸되는 근원Arche이 무엇인지 체계적으로 분석하기 시작하였다. 이 시기에 그리스 최초의 철학자라고 일컬어지는 밀레토스 출신의 탈레스는 만물의 근원을 물로 보았다. 그는 물이란 단순한 물리적인 물질이 아니고 그 자체가 기체나 고체로 변화할 수 있는 힘을 지니고 있다고 보았으며, 심지어 물이 정기精氣나 혼을 갖고 있다고도 생각하였다. 이렇듯 자연의 오묘한 변화를 보면서 인간이라면 누구나 피할 수 없는 죽음의 신비를 놓고 인간이란 존재의 근원이 어디에서 시작되었으며 어디로 가는지 찾으려 하였다. 이때 이데아Idea라는 사고의 움직임^{대표적인 철학자에는 소크라테스, 플라톤, 아리스토텔레스 등이 있다}이 서서히 태동되었으며, 이로써 인간 근원의 중심에 있는 인간 본성에 주목하기 시작했다. 그리고 인간 본성에 주목한다면 자유와 평등의 중요성이 드러나는 것은 시간문제였다.

서아시아 전 지역은 페르시아 제국이 통일한 뒤 전제 군주 다리우스 1세가 강력하게 통치하고 있었기에 인간의 사고를 체계화할 틈을 가질 수가 없었다. 소아시아의 가나안 지역도 솔로몬 대왕 이후 이스라엘과 유다 왕국으로 나누어져 여호와의 통치에서 벗어나 왕

이 직접 통치하려 하였다. 기원전 8세기에 이스라엘이 먼저 멸망하고, 유다는 기원전 605년부터 기원전 538년까지 신바빌로니아에서 포로의 시기^{바빌론 유수} 70년를 보낸 후 페르시아의 통치를 받았다.

가나안 지역은 고대 세계에서 유일하게 신의 통치가 실

만물의 근원을 찾고 있는 그리스 철학자 플라톤과 아리스토텔레스

제적으로 이뤄지던 곳이다. 그런데 이제 페르시아에 의한 강력한 전제 정치가 펼쳐져 신정神政의 모습이 사라진 듯 보였다. 또 헤브라이 지역은 구약성서의 후반부가 예언서들로 일관된 것과 기원전 433년 〈말라기 예언서〉 이후 예수 그리스도의 탄생까지 성경의 침묵기가 지속된 데서 그 의미를 찾을 수 있다. 이렇듯 여호와의 신권 정치가 전제 정치 앞에서 일단 사라진 듯 보이지만, 그 순간에도 여호와는 묵시록을 통해 계속 그의 뜻을 전하였고, 다시 절대적인 모습을 드러낼 때를 기다리고 있다는 점에도 주목할 필요가 있다.

인도 지방에서는 브라만 계층이 자신들의 통치를 견고히 하려고 카스트 제도를 더욱 강화했고, 이에 민중의 불만이 커져 갔다. 결국 인도 민중의 불만은 계급을 타파하고 모두가 평등할 수 있는 가능성을 열어 줄 신흥 종교 운동으로 이어졌다. 그중 샤카푸타석가, 기원전 563?~483?라 불렸고, 뒤에 해탈하여 부타붓타, 깨달은 사람로 존경을 받았던 네팔의 카피라바스투 출신 사카족의 고타마가 기원전 6세기에 평등관을 설파說破하였다. 그의 이론은 민중 속으로 급속히 파고들었는데, 이것이 바로 불교이다. 불교에서 언급된 평등의 근원은 윤회로부터의 이탈을 목적으로 하는 해탈주의와 그 교의를 실천하는 주체가 인간의 내면에 있음을 내세우는 것이었다. 이에 따라 인간 계급이 윤회를 통해 출생과 함께 고정된다고 주장하는 브라만층이 만든 카스트 제도를 무시할 수 있는 기준이 만들어졌다. 이로써 그들은 불교를 통해 '내면적 평등'만큼은 추구할 수 있게 되었다.

석가모니를 표현한 부조

중국에서는 기원전 722년에 춘추 시대가 열렸다. 당시 주 왕실의 세력이 약화되자 여러 제후국들이 자국의 세력을 강화하려 혼란한 정국을 야기하였고, 서로 간의 윤리와 도덕까지 혼탁하게 만들었다.

당시의 상황을 바로잡고자 많은 사상가들이 등장했으며, 대표적 인물인 공자가 기원전 6세기에 활약하였다. 공자의 성은 공孔, 이름은 구丘이며, 노나라의 수도인 곡부曲阜 근교의 추鄒라는 마을에서 무사 숙량흘叔梁紇의 아들로 태어났다. 15세 즈음에 학문할 것을 결심했고, 30세 즈음 그 기초가 마련되었으며, 40대부터 그의 생각들을 표현하기에 흔들림 없이 하였다. 또한 50세에는 천명을 알고, 60세에는 순리대로 살며, 74살에 세상을 떠났다. 공자의 학문은 유학 또는 유교라 하는데, 그 특질은 자기 자신의 수양에 힘쓰고 천하를 이상적으로 다스리는 것을 목표로 삼는 데 있고, 사상의 근본은 인仁에 있었다.《논어》를 잠깐 살펴보자.

번지樊遲가 인仁을 묻자 공자 말씀하시기를 "서로 사랑하라." 하셨다.

-《논어》〈안연〉

공자 말씀하시기를 "뜻있는 자나 어진 자는 생을 구하고자 인
을 해치는 일이 없으며, 몸을 죽여서 인을 이룩하는 일이 있느니
라." 하셨다.

-《논어》〈위령공〉

이는 인에 관한 공자의 표현의 일부지만, 내용은 한마디로 말해서
남을 사랑하는 일, 사람을 사랑으로 대접하는 일을 의미한다. 이런
그의 사상은 혼란한 춘추 시대의 환경 교화라는 주제와 일맥상통하
고 있음을 알 수 있다. 그러나 아쉬운 것은 인 사상이 내적으로 인
간 본성인 자유와 평등 사고에서 시작된 것이 아닌 외적으로 사회
질서를 위해 만들어진 윤리 규범인 '예법'에서 시작된 점이다.

농업혁명 후 자연 발생적으로 공동체화하고 거대한 국가 형태로
변해 가던 4대 강 유역의 문화권이 가속도를 얻으려면 생각의 흐름
을 묶어 주는 체계적인 사고가 필요했다. 이는 기원전 6세기에 세계
전역에서 공통적으로 나타난 현상이었다. 특히 사고 체계로 인해 각
지역 문화가 본격적으로 구별되기 시작했다. 근원을 찾으려 노력하
던 그리스 지역에서는 인간의 본성을 드러내는 문화가 발전했으며,
인간 내면의 해탈을 중요시한 인도 지방에서는 현실과 이상의 복합

至聖孔子
名丘字仲尼山東
兗州府曲阜縣人

공자

적인 문화가 나타났다. 또 사람 간 관계를 중요시한 중국에서는 현실적인 윤리 문화가 두드러져 보였다. 특히 인간의 본성을 다루는 그리스 지역의 경우 궁극에 가서 자유와 평등을 언급하게 될 것이란 추측도 허황된 것만이 아님을 주목해 볼 만하다.

미래를 여는 열쇠
Check It

🗝 **기원전 6세기**

4대 강 문명 유역에 퍼져 있는 공동체들이 자신을 알려 하거나, 공동체 속 자신들의 부자유와 불평등을 느끼는 사고(思考)가 정립된 시기이다. 이 시기에 사고 정립을 주도한 인물에는 탈레스, 석가모니, 공자 등이 있다.

그리스의
폴리스
(공화정)

앞에서 언급한 바와 같이 사고 체계 속에서 자유와 평등 의식이 쉽게 드러날 가능성이 가장 높았던 그리스 지역의 역사 속으로 들어가 보자.

그리스는 국토의 80퍼센트가 산이며, 큰 강도 없고 토지도 비옥하지 않다. 특히 섬이나 골짜기에 의해 고립된 지역들이 많아 소규모 집단이 많이 생겨났다. 소규모 독립 집단들은 초기에 각기 원하는 지역에 평화롭게 정착하였는데, 시간이 지나면서 세력을 가진 무리들이 주변 소규모 집단들을 병합하여 점차 도시국가의 모습을 띠었다. 도시국가에서는 절대자보다 세력을 가진 몇 명의 귀족들이 귀족회를 결성한 후 통치 지역 내의 성인 남자들이 참여하는 평민회와 의견을 나누면서 정치를 운영해 나갔다. 특히 귀족들은 문벌이나 혈연에 의해 평민들과 구별되는 사회 계층이자 국가 요원인데, 경우에 따라서는 국가를 자기 것으로 생각하였다. 한편 책임과 긍지를 느끼는 것은 일반 시민들도 같았다. 여기에 시민 공동체인 폴리스 형성의 열쇠가 있었다. 이는 분명히 4대 강 유역에서 신권 정치를 펼친 전제 군주와 피지배민들

아크로폴리스

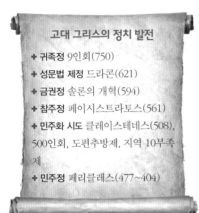

고대 그리스의 정치 발전

+ **귀족정** 9인회(750)
+ **성문법 제정** 드라콘(621)
+ **금권정** 솔론의 개혁(594)
+ **참주정** 페이시스트라토스(561)
+ **민주화 시도** 클레이스테네스(508), 500인회, 도편추방제, 지역 10부족제
+ **민주정** 페리클레스(477~404)

의 관계와는 다른 모습이었다.

폴리스Polis란 소규모 집단이 모여 도시국가 체계를 갖춘 것을 말한다. 그리스 반도는 산악 지형적 특성상 여러 폴리스로 분리, 통치되고 있었을지 모르지만, 아크로폴리스높은 곳의 도시나 아고라광장 또는 시장 같은 곳에서 헬렌스Hellens, 그리스 민족라는 민족의식을 강화하고자 집회를 자주 열다 보니 정신적, 문화적으로는 반도 전체가 하나의 국가와 같은 모습이었다.

폴리스 통치는 귀족정으로 시작했지만, 금권정돈으로 정치를 하는 형태, 참주정독재 등의 문제점이 나타나자 이를 보완하여 그리스 전역에서는 전제 군주가 없고 소속된 시민들의 정치 참여가 허락되었다. 이로써 최초의 데모크라티아민주 정치가 성립되었다. 그리스인의 데모크라티

그리스의 노예 시장

아는 남녀를 막론하고 성인이라면 누구나 정치에 참여해야 하며, 평등한 이익을 가질 수 있어야 하는 오늘날의 데모크라시^{Democracy, 민주}

정치와는 차이가 있다. 당시에는 여성과 노예에게 참정권이 주어지지

않았고 시민이라는 특권층에게만

국한되었기에 진정한 데모크라시

가 아니었다. 이는 차라리 여러 사

람의 합의체에서 나오는 공화정이

라고 표현하는 것이 맞을 것이다.

그런데 데모크라티아에서는 그

도편추방제에 사용된 도편

리스 시민들이 서로의 부자유하고 불평등한 삶의 문제들을 공동 의제로 삼아 해결하는 방법을 보여 주었음에 주목해야 한다. 이는 공동체에서 더불어 살아가는 진정한 의미를 모르는 고대인들에게 하나의 방법을 제시했기 때문이다.

미래를
여는
열쇠
Check It

🔑 폴리스

그리스의 내적 사고 정립과 달리 외적으로 공동체 내에서 개인의 자유와 평등을 주장할 수 있는 정치 체제(직접 민주정)를 보여 준다.

페르시아
전쟁

그리스 역사와 서아시아 역사가 만난 시점은 페르시아 전쟁이다. 이 전쟁은 인간에 의한 신권적 전제 정치를 펼친 고대 페르시아 제국이 유일하게 자유와 평등 의식을 가지고 민권 정치를 펼친 그리스를 정복하려던 시도였다. 보잘것없던 지형적, 정치적 조건과 적은 인구를 갖고 있던 그리스가 선진 문화를 갖고 있던 페르시아를 세 차례나 이긴 것은 상식적으로는 해석이 안 된다. 그러나 역사의 아버지라 불리는 헤로도토스가 쓴 《역사》를 보면 분명히 그리스가 페르시아로부터 승리를 거두었다. 그렇다면 이런 사실들을 이해하는 차원에서 세 차례에 걸쳐 이루어진 페르시아 침공의 전모를 살펴보자.

페르시아의 다리우스 대왕은 그리스 본토아테네의 원조가 있었던 밀레토스에서 일어

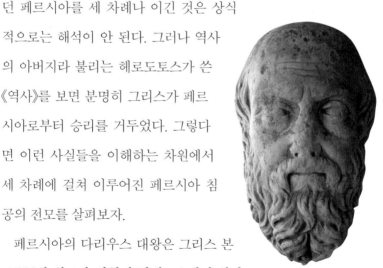

헤로도토스

트라키아

마케도니아

올림푸스 산 ▲

테살리아

● 테르마

● 아비도스

일리온(트로이)

● 페르가몬

델피 ●

플라타이아이 ●

올림피아 ●

코린토스

● 아테네

테린스

● 스파르타

● 사르데스

이오니아 반란 지역

● 밀레토스

● 로도스

➤ 1차 침입(기원전 492년)　페르시아의 영토

➤ 2차 침입(기원전 490년)　페르시아의 동맹국

➤ 3차 침입(기원전 480년)　그리스와 그 동맹국

중립국

페르시아군의 침입

난 반란을 진압한 뒤 기원전 492년에 그리스 본토까지 점령하고자 해로를 따라 대원정군을 파견했다. 이것이 제1차 원정이다. 그러나 부근에서 풍랑을 만나 많은 물자와 군사를 잃고 철수하였다. 이 원정은 페르시아 제국의 권위를 그리스에 알려 주는 계기가 되었지만,

그리스에서는 풍랑이라는 자연의 힘을 자신들의 신과 결부시켜 도리어 사기가 올라갔다.

이런 상황에서 다리우스는 자신의 철수에 대해 감정을 돋우던 아테네를 징벌의 표적으로 삼아 대군을 이끌고 제2차 원정을 감행하였다. 아테네군은 기습 전략과 용맹으로 승리를 거둔 마라톤 전투를 전환점으로, 해상에서도

재차 승리하여 페르시아군을 퇴각시켰다. 실로 믿기 어려운 승리였다. 제2차 원정에서 승리한 아테네는 커다란 민족적 자긍심을 갖게 되었다. 또한 시민 모두가 합심하여 성과를 거둠으로써 공화정 체제가 드디어 그 우수성을 입증하기 시작하였다. 이로써 어마어마한 페르시아군 264만의 병력이 동원됐으며 이들을 보조하는 사람들도 비슷한 수였다고 한다이 그리스 반도 전체를 위협한 제3차 원정 때에도 살라미스 해전에서 기선을 제압하고, 육해전을 두 차례 더 치른 후 페르시아군을 서아시아 지역으로 완전히 몰아냈다.

여기서 그리스가 페르시아에게 승리를 거둔 이 전쟁의 의미를 다시 점검해 보자. 그리스, 특히 아테네는 시민의 권위가 향상되면서 수차례 정치적 변화를 겪고 있었다. 몇 명의 귀족에 의해 통치되던 귀족 과두정에서 돈으로 권력을 사고파는 금권정, 힘의 정치를 하

던 참주정 등의 우여곡절을 겪으면서 직접 민주정이라 불리는 자유와 평등의 기틀을 마련하였지만, 시민의 세력이 약해서 이를 꽃피울 수가 없었다. 그러나 전쟁이 일어나자 그리스인은 일치단결하여 페르시아군을 몰아냈고, 전쟁의 주역인 그들의 권리^{민권}가 커졌다. 이를 기반으로 전쟁이 끝났을 무렵 아테네에서 페리클레스가 데모크라티아를 완성하였다. 그리고 아테네를 중심으로 200여 개 폴리스가 합세^{델로스 동맹}하여 그리스 전역^{스파르타는 제외}을 데모크라티아의 영향권에 들어오게 만들었다. 이는 자유와 평등을 소유한 그리스 문화가 서아시아 문화권을 제치고 고대 서유럽 문화의 주인공이 되는 기반을 마련한 것이다.

미래를 여는 열쇠
Check It

🔑 페르시아 전쟁

전쟁을 통해 커진 그리스인의 권리는 반도 내에서 커진 정치 체제(민주정)를 완성하는 데 큰 영향을 끼쳤다. 결국 페르시아 전쟁은 공동체에서 개인의 자유와 평등을 주장할 수 있는 체제가 형성되는 데 필요악으로 활용되었다.

알렉산더와
헬레니즘

인도나 중국 문명은 큰 강^{인더스} 강, 갠지스 강, 황하 유역에서 시작했기 때문에 이 지역 문화의 주인공이라 할 수 있다. 하지만 그리스는 척박한 토양과 고온 건조한 기후, 제대로 농업에 활용할 강조차 변변찮은 열악한 자연환경에서도 고대 서유럽 문화의 주역으로 불리게 되었다. 어떻게 이것이 가능했을까? 비록 기원전 5세기 초 페르시아 전쟁을 통해 큰 강들^{나일 강, 유프라테스 강, 티그리스 강}을 끼고 발전한 고도의 서아시아 문화가 일부 그리스 지역에 전해졌겠지만, 이것만으로 그리스를 고대 서유럽 문화의 주역으로 인정하기는 불충분하다. 그렇다면 무엇이 그리스를 문화의 주역에 올려놓았는가?

바로 그리스 북부의 마케도니아에서 그리스인임을 자부하던 알렉산더가 그 열쇠였다.

아리스토텔레스에게 교육받는 알렉산더

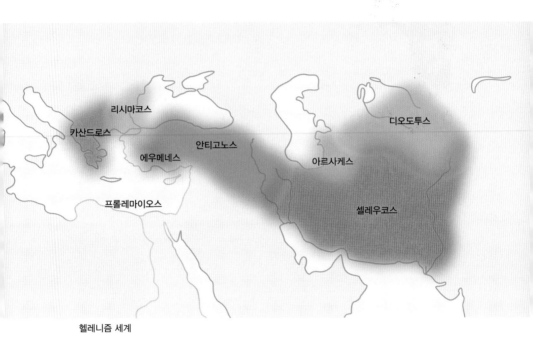

헬레니즘 세계

그는 그리스 철학을 완성한 아리스토텔레스를 스승으로 모시며 그리스 문화의 우월성을 확실하게 익힌 인물이다. 알렉산더가 야망을 갖고 정복한 땅이 페르시아 제국이며, 서아시아 전全 지역이 해당된다. 그러나 이곳은 알렉산더가 기원전 323년 말라리아에 걸려 병사病死한 후, 후계자를 뽑기 위한 전쟁이라는 혼돈기를 겪으면서 세 지역으로 나누어졌다. 하지만 이 지역에서는 사후 알렉산더를 신격화하고 그의 정신과 사상을 공통으로 나누며 각 지역 간 동일한 문화를 형성하고 있었다. 이를 헬레니즘 세계이라고 한다.

특히 알렉산더는 헬렌스그리스인의 후손인 그의 위엄을 서아시아 내

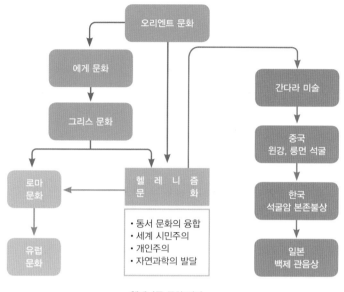

헬레니즘 문화 전파

에 나타내고자 요충지마다 '알렉산드리아'라는 이름의 도시를 20여 개《플루타르크 영웅전》에서는 70여 개라고 이야기한다 만들었다. 그의 사후에도 이곳들은 그리스 문화가 이어지게 하는 전초 기지 역할을 하면서 서아시아 문화가 제대로 헬레니즘그리스화하는 데 큰 도움이 되었다. 결국 알렉산더가 갖고 있던 그리스인으로서의 정체성은 서아시아 지역까지 널리 퍼졌고, 헬레니즘 문화에 의해 그리스는 서유럽은 물론, 서아시아에 걸친 문화의 주역으로 올라서게 되었다.

더구나 알렉산더가 전쟁을 치르며 결국엔 서아시아의 신격화된 전제 군주의 모습을 띠었으나 대제국을 통치할 꿈을 안고 바빌론에 입성한 해인 기원전 323년, 자신의 통치 기반을 구축하기도 전에 사망하여 실질적인 전제 정치를 펴지 못하였다. 이후는 알렉산더의 그리스적 정신만 후계 지역에 전해져 그리스 데모크라티아의 뿌리가 헬레니즘 문화권에서 계속 살아남을 수 있었다. 결국 그의 사망도 헬레니즘 형성의 큰 요인이었다.

한편 헬레니즘 문화의 영향력은 인도의 쿠샨 왕조로 이어지면서 이 왕조가 발전시킨 대승불교 문화 속에 스며들어 중국, 한국, 일본에까지 퍼져 갔음을 역사 속에서 알 수 있다. 이로써 그리스의 자유와 평등 정신이 전 유라시아로 퍼졌다고 감히 말할 수 있다.

로마
공화정

19세기 독일의 위대한 역사가 랑케는 '이전 고대사의 흐름이 모두 로마로 흘러들고 여기서 새로운 흐름이 되어 후세에 전해졌다'라고 하였으며, 한걸음 더 나아가 '만일 로마인이 존재하지 않았더라면, 대체로 역사 전체가 무의미하다'라고까지 극언하였다. 이런 랑케의 말을 줄여서 표현해 보자면, '고대 서유럽 문화를 시작한 주역은 그리스지만 완성의 주역은 로마다'라고 표현할 수 있다. 이 로마에 관한 표현을 통해 생각해야 할 부분은 '로마에서도 그리스처럼 시민 공동체로서의 인간의 자유, 평등이 허락되고 있는가'이다.

로마는 이탈리아 반도 중서부의 티베르 강 유역에서 서울의 3분의 1보다 더 작은 도시국가로 출발하였는데, 그 모습은 그리스의 폴리스와 흡사하였다. 정치 체제도 왕의 전제 정치보다는 원로원이라는 귀족들과 평민회에 참여한 로마 시민들이 주축이 된 공화정이었다.

당시 반도에는 미개하지만 많은 인구를 갖고 있는 북부 지방의 라틴족, 서아시아 지역에서 건너와 선진 문명화되어 있던 북동쪽 지역

원로원 회의

의 에트루리아인, 중남부 곡창 지대를 장악하고 있던 삼니움 왕국, 반도 끝부분에 정착하여 강력한 헬레니즘 문화의 모습을 보여 주던 그리스 식민 폴리스들이 즐비하였다. 여기서 조그만 도시국가로 출발한 로마가 300여 년의 시간을 거치며 이탈리아 반도 전역을 점령하여 지중해 지역의 강국으로 변하였다. 로마가 반도로 영토를 확장하는 과정에서 병사의 의무를 다하던 로마 시민의 권력이 자연스레 커졌으며, 그들의 자유, 평등권이 강해지는 여러 제도들을 귀족들에게 요구하였고 또 만들게 되었다.

이런 제도들을 살펴보자. 귀족으로부터 시민 대표의 정치적 입지를 받아낸 호민관 제도는 평민과 귀족 사이에 일원화된 대화 창구가 될 수 있었다. 그리스 때부터 선을 보인 여러 법들을 총괄하여 만든 12표법은 귀족과 평민이 동등함을 성문화시켜 공표한 것이었다. 그

중 리키니우스법은 125헥타르 이상의 토지를 누구도 사유화할 수 없다는 것으로 재산권의 공유 및 평준화를 선포한 것이며, 호르텐시우스법은 평민회가 만장일치로 통과시킨 법안의 경우 귀족의 승인 없이도 효력이 발생한다는 것이다. 이 두 법은 귀족과 평민의 동등함이 공표된 12표법을 삶에 실질적으로 적용한 대표적 예들이다.

로마 공화정의 발전

✦ 도시국가(기원전 753?)

✦ 공화정 수립(기원전 509)

✦ 통령(콘술, consul) 2명, 총통, 원로원, 민회

✦ 쿠리아회(兵員會, 기원전 5세기)

✦ 성산사건(聖山事件), 호민관제(기원전 493)

✦ 12표법(기원전 449)

✦ 리키니우스법(기원전 367)과 집정관(통령)제

✦ 호르텐시우스법(기원전 287)

위에서 언급된 모든 제도들은 현대의 대의代議 민주주의 원칙에 십분 활용되는 것으로, 로마가 서유럽 문화를 완성시킨 주역이라 불릴 수 있는 충분한 위치에 있음을 증명해 준다. 그리스가 소규모 공동체도시국가적 삶 속에서 인간의 자유, 평등을 유지할 수 있는 체제의 모델을 보여 준 것이라면, 로마는 대규모 공동체보편적 국가의 삶 속에서 인간의 자유, 평등을 표현할 수 있는 체제의 모델을 보여 주는 것이다.

미래를 여는 열쇠 Check It

🔑 **공화정 체제로서의 로마**

자유와 평등을 구사할 지역이 로마로 확대될 것임을 확인시켜 준 열쇠이다. 로마 공화정이 자유와 평등 속성을 갖고 있기 때문이다.

포에니
전쟁

자유와 평등 의식이 담긴 체제의 모델이 된 로마의 자연 조건은 지형적으로 평야가 많고 적당한 강이 있으며, 기후마저 이상적인 지중해식 기후였다. 이는 농업적 발전을 하기에 알맞은 환경이었다. 농업적 발전이 있으면 문화가 한정된 지역 내에서만 발전하고 정착되는 특성이 있다. 그러나 역사적인 결과로 본 로마 문화의 모습은 지중해 전 지역을 섭렵하여 활달하고 이동적이며, 상업적 특성이 다분하였다. 여기서 기존의 성격과 달리 로마에는 변질된 문화 성향이 있었다는 것을 추론할 수 있는데, 그 전환점이 되는 사건이 바로 포에니 전쟁이었다.

포에니 전쟁은 반도 통일 후 지중해로 나오려는 욕구가 강했던 로마와 당시 지중해 서쪽의 패권을 쥐고 있던 카르타고의 방어로 인한 숙명의 대결이었다. 로마는 카르타고와 1차 전쟁에

포에니 전쟁

✦ **1차 전쟁**(기원전 215~205) 한니발을 도와준 필리포스 5세 응징
✦ **2차 전쟁**(기원전 200~197) 그리스 자유도시 독립 선언
✦ **3차 전쟁**(기원전 171~168) 필리포스 5세 재도전, 로마의 동방 정책 강화, 세금 부과, 그리스인 1천여 명을 인질로 데려오다.

카르타고의 한니발 장군과 로마의 대(大)스키피오 장군

서 승리한 뒤 배상금 지불이라는 독특한 방식을 썼는데, 이로써 당시 지중해 서쪽을 소유한 상업적 부국인 카르타고의 부富가 로마로 흘러들어오기 시작하였다. 그리고 한니발에게 사생결단으로 맞선 2차 전쟁에서 승리한 로마가 카르타고의 모든 것재력, 식민지, 해군력을 접수하였다. 이로써 그동안 지형 특성 때문에 발전한 농업적 사회에서 무역과 화폐가 주축이 된 상업적 성격이 담긴 사회로 변화하였다. 동시에 카르타고 상업 사회는 완전히 파괴되었다.

카르타고의 멸망으로 지중해 서쪽 지역의 패권을 차지한 로마는 그 여력으로 동쪽의 강력한 세력인 헬레니즘 문화권의 국가들을 치기 시작했다. 그 결과 지중해 동쪽의 그리스 지역마케도니아이 흡수되었

포에니 전쟁

고, 이를 발판으로 서아시아 지역시리아과 이집트 지역까지 점령해 나

갔다. 이로써 로마가 전 지중해와 서아시아 일부 문명까지 다스리면

서 명실공히 서구 문명의 완성이 가능하게 되었다.

　여기서 짚고 넘어갈 것은 카르타고와 헬레니즘 지역이 로마의 지배하에 놓이자 정복된 민족들은 노예화되었고, 이 노예들로 인해 로마 사회는 큰 변화를 겪게 되었다는 것이다.

로마의 출발은 공화정이었으며, 그동안 시민들의 권익이 보호되는 여러 법안으로 진정한 자유, 평등의 모습이 사회 내에서 정착하는 듯 보였다. 그러나 포에니 전쟁을 시점으로 점령된 국가들의 백성을 노예로 활용하면서 문제가 달라졌다. 노예가 급속히 팽창하자 로마 시민들의 자유와 평등이 잠식당하였다. 이유는 노예 자체가 이미 부자유와 불평등의 성격을 갖고 있는데, 로마 귀족들이 이들을 마음대로 부릴 수 있게 되자 자신들의 권익을 주장하는 로마 시민들을 무시하고도 사회를 운영할 수 있게 되었기 때문이다. 이로써 시민들의 위치는 또다시 약해질 수밖에 없었다.

로마는 외형적으로는 지중해의 주역으로 화려하고 발전적으로 보이지만, 내면적으로는 시민권의 약화와 함께 인간의 근본 권리인 자유, 평등 정신이 서서히 사라지고 있었다.

미래를
여는
열쇠
Check It

🔑 포에니 전쟁

로마를 통해 자유와 평등을 구사할 지역을 지중해 전역을 포함한 헬레니즘 세계까지 확대가 필요가 있었다. 포에니 전쟁은 이때 활용된 열쇠이다. 전쟁에서 승리한 로마가 카르타고의 부와 군사력을 접수한 뒤 헬레니즘 세계를 장악하기 시작했기 때문이다.

중국 최초의 통일 국가, 진(秦) 제국

그리스의 전통을 이은 로마가 반도를 통일하고 드디어 지중해 전역의 패권을 차지하기 위한 승부가 한창 진행되던 포에니 전쟁 시기, 동방도 결코 평온하지만은 않았다.

천자天子가 있는 주 왕조가 나약해지자 시작된 제후국들의 각축은 춘추春秋와 전국戰國이라는 500여 년의 시기를 거치며 중국 전역을 고통에 휩싸이게 했다. 이런 상황에서는 누구든지 안정을 되찾아 주는 사람이 대륙의 주인이 될 수 있으리란 것을 쉽게 추정할 수 있다. 이런 추정과 잘 접목되어 나타난 인물은 강력한 전제적 성향을 지닌 진나라 정왕이었다. 그는 어린 시절 어머니와 그를 도와준 상인 출신 여불위呂不韋의 잘못된 섭정을 보며 친정親政할 때를 기다렸다. 그리고 막상 친정에 들어서자 법가法家 학자인 상앙의 변법을 통해 진을 강력한 국가로 거듭나게 만들었으며, 그 여력으로 주변 6국을 평정하고 중국 역사상 최초의 통일 제국을 이루었다.

이로써 정왕은 중국을 다스리는 천자의 위치에 올랐는데, 그동안 내려오던 삼황오제三皇五帝로부터 시작된 천자의 흐름을 자신과 연결

분서갱유 상상도

하고자 노력하였고, 자신이 진정 현실적으로 중국을 다스릴 황제皇帝의 시작시황제이라 주장하였다. 진 시황제의 이런 노력에도 힘으로 차지한 황제의 위치는 그리 확고하지 못하였다. 그렇기 때문에 의식적으로 이를 강요하기 위한 모습을 시황제 스스로가 많이 연출하였다.

대표적으로 사상에 있어 불만 요소를 없애고자 전국 통일의 사상적 주축이던 법가 이외의 제자백가들을 제거하고 그 저작들을 모두 태워버린 분서갱유焚書坑儒를 들 수 있다. 또한 자신을 신격화하기 위한 영생의 꿈을 불로초로 풀어 보려고도 했다. 물론 현실적인 조처들도 게을리하지 않았다. 혹시나 귀족제후들의 세력이 강해지는 것을

만리장성

막고자 주나라의 봉건제를 철저히 폐지하였다. 이민족들에 의한 위협 요소를 차단하고자 시작한 만리장성 공사, 생필품이나 곡물의 수송을 원활히 하여 자신의 능력을 과시하고자 시작한 대운하 역사, 자신의 권위를 누구도 넘보지 못하게 하고자 시작한 아방궁 공사 등도 그것이다.

이렇듯 황제의 위치를 확고히 하려던 그의 몸부림에 고통받은 것은 정작 민중이었다. 사람들은 500여 년을 혼란 속에 살다가 겨우 통일 국가를 통해 안정되고 평화로운 삶을 찾는 듯했으나 토목공사나 이민족과의 전쟁에 다시 동원되면서 고통받게 되었다. 이런 상

황에서 진 왕조 백성은 자신의 자유와 평등 의식을 찾기가 묘연해
졌다.

🔑 진 시황제와 진 제국

유럽, 특히 로마(공화정)에서 자유와 평등 의식이 확산되던 당시 동아시
아 지역은 자유, 평등과 멀어져 있음을 보여 주는 열쇠이다. 이 열쇠의 등장
의도는 반면교사(反面教師)적이며, 자유와 평등 의식이 궁극에는 동아시아까지 확
산되어야 한다는 메시지로 보인다.

그라쿠스 형제
개혁
실패

다시 로마로 돌아와서, 시민의 자유와 평등의 가치가 무너지는 모습들을 엿보도록 하자.

그라쿠스 형제는 한니발 전쟁_{제2차 포에니 전쟁}에서 활약한 로마 명장인 대ᴬ스키피오 장군의 딸이 어머니였고, 제3차 포에니 전쟁을 마무리한 로마의 또 다른 명장인 소ᴬ스키피오 장군을 매제로 두어 정치적으로 활동하기에 아주 좋은 위치에 있었다.

그라쿠스 형제 중 형인 티베리우스는 재무관으로서 기원전 137년경 에트루리아를 시찰하던 중 들판에 건장한 노예들만 일하고 있고 정작 토지의 주인들인 로마 시민_{농민}이 보이지 않음에 의문을 갖게 되었다. 그때 그가 찾던 시민 중 많은 사람들이 로마 시내에서 구걸로 연명하는 모습이 떠오르자, 로마 사회의 구조적 모순을 느꼈다. 또한 반란을 일으킨 스페인의 누만티아를 진압하러 떠난 집정관 만키우스를 따라 재무관으로서 동행한 티베리우스는 반란군에 포위당하며 전멸의 위기에 처했다가 휴전 협정으로 간신히 생명을 건지는 경험을 하였다. 그는 진압 과정에서 눈에 띄게 힘겹게 전투하는

그라쿠스 형제

병사들을 보며 반도를 통일하고 지중해를 장악하던 패기에 찼던 로마군의 자질 저하에 대해 의문을 갖게 되었다. 다시 말해 병사들이란 바로 로마 시민들이니, 그들에게 전투 의욕이 없는 데는 분명 이유가 있다고 생각한 것이다.

이에 대한 티베리우스의 분석 결과는 일부 귀족만이 대토지를 소유하고 있고, 정작 공화정의 주인인 시민 중 태반이 토지가 없는 무산 시민층으로 전락하였다는 것이었다. 티베리우스는 이런 사회 구조의 모순을 바로잡을 수 있는 방법으로 이미 공표된 리키니우스법

누구도 125헥타르 이상의 토지를 소유하는 것이 불가하다을

부활하는 것밖에 없다는 생각을 하게
되었다.

결국 티베리우스와 동생 가이우스
는 10여 년에 걸쳐 두 차례나 리키니
우스법을 부활시키고자 혼신을 다해
노력했다. 그러나 리키니우스법 자체
가 귀족의 토지를 제한하자는 것인 만
큼 귀족원로원의 만만찮은 저항이 있었
고, 결국 형제는 귀족들에게 무릎을
꿇게 되었다. 기원전 132년에 티베리
우스는 돌과 몽둥이를 들고 민회의장
을 습격한 원로원 과격파들에 의해 추
종자 300여 명과 함께 살해당한 후 티

베르 강에 던져졌다. 동생 가이우스는 기원전 121년에 무장한 원로
원 의원들과 그들의 추종자들에 의해 가이우스파 3천여 명과 함께
죽임당하였다. 이때 이들의 재산을 국가에서 몰수하고, 그 아내들
은 상복을 입지 못하게 하였다. 가이우스는 일부러 무장도 하지 않
고 도망쳤지만, 추적자들이 끝까지 따라붙자 마지막에는 동행한 노
예와 둘이서 자살하고 말았다. 당시 그의 머리에는 그 무게와 같은
중량의 금이 현상금으로 걸려 있었는데, 가이우스의 머리를 베어 온

자는 뇌를 빼버리고 납을
채워 넣어 그 무게대로
금을 받았다고 한다.

그라쿠스 형제의 개혁
은 로마 사회가 자유, 평
등과는 반대로 가는 시점
에서 유일하게 이를 저지

연설하는 가이우스 그라쿠스

하고 바른 길로 이끌려고 시도한 정치적 움직임이었다. 그리고 그
개혁이 좌절되었음은 새로운 것을 찾아야 한다는 의미이다. 이후
100여 년간 이어진 군벌 시기의 모습들은 그 새로운 길을 모색하는
데 따른 혼돈 그 자체였다. 이를 대변해 주듯 가이우스가 도망갈 때,
그의 아내 리키아는 '폭력과 칼로써 일의 옳고 그름이 결정지어지는
시대'가 되었음을 통탄했다.

🔑 그라쿠스 형제

포에니 전쟁 이후 로마가 자유와 평등을 펼칠 지역을 확대하는 것에는
성공했지만, 오히려 로마 내 자유와 평등 의식은 사라졌음을 보여 준다.

군벌과 황제 등장

리키니우스법의 부활을 시도하던 그라쿠스 형제의 개혁이 무참히 좌절되자 로마는 급속한 사회적 변화를 겪게 되었다.

하나는 평민층이 국가적 차원에서 자유, 평등권을 회복하기 어렵다는 것을 파악하였기에 그들의 삶에 도움을 줄 수 있다면 어떤 형태나 누구와도 타협하려는 자세를 보인 것이다. 다른 하나는 그라쿠스 개혁 문제로 어수선한 로마 사회에 아프리카의 동맹국인 누미디아 왕국 현재 알제리의 유구르타 왕이 위협적인 대규모 반란을 일으킴으로써 혼란이 더욱 가중된 것이다. 당시 원로원이 부패하여 제구실을 못하고 있었기에 로마 시민들은 누군가가 등장해 로마를 평정해 주길 바라고 있었다.

이 두 변화를 모두 무마시킨 인물이 유구르타의 반란을 진압한 가이우스

가이우스 마리우스

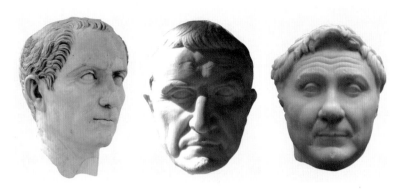

제1차 삼두정치의 주역들 차례로 카이사르, 크라수스, 폼페이우스

마리우스였다. 마리우스는 누만티아 공략전에 종군하여 전공을 세운 후 유구르타 전쟁에 갑자기 등용된 인물이다. 그는 전쟁을 승리로 이끌기 위한 방법으로 로마 시민들, 특히 무산 시민^{토지가 없는 시민}이 전쟁에 참가하여 승리하면 적당한 시기에 논공행상^{論功行賞}으로 토지를 하사할 것을 약속하였다. 이에 무산 시민들은 호응하였고, 그 결과 전쟁도 승리로 끝났다. 마리우스는 유구르타 전쟁 이후 계속되는 반란 진압 전쟁에 이들을 군사로 활용하여 지속적인 승리를 거둔후, 기원전 100년에 퇴역 병사 일인당 100유케라^{25헥타르}의 토지를 주는 것으로 약속을 지켰다. 이로써 마리우스 곁에는 많은 무산 시민들이 모여들어 그의 사병^{私兵}이 되었다. 결국 로마 시민의 사병화는 마리우스에게 독재적인 힘을 허락한 것이며, 동시에 그라쿠스 형제의 개혁이 실패한 후에 기대되었던 새로운 길이 군벌의 시대라는 모습으로 나타났다.

제2차 삼두정치의 주역들 차례로 안토니우스, 옥타비아누스, 레피두스

군벌 시대가 술라, 폼페이우스, 카이사르, 안토니우스, 옥타비아누스로 이어지면서 그들의 독재적 권한이 점차 강화되기 시작하였다. 로마 시민들은 토지 획득보다 권력의 그늘 아래 안주하는 사병이 되었는데, 이는 자유, 평등과는 거리가 점점 멀어지는 모습이었다.

군벌의 변화 과정은 아우구스투스의 집정기기원전 23~서기 14에 제정帝政이란 모습으로 정착되었다. 아우구스투스도 군벌로 시작했지만, 로마인의 기본적 의식주 해결을 빌미로 상비군25만 정규군과 근위대9천명를 건설하고, 세금 제도를 혁파하여 재정을 확충하면서 자신의 세력을 구축하였다. 비록 그의 통치기에는 황제라는 명칭이 사용되지 않았지만, 이는 진정 황제의 시기로 들어간 모습이었다. 황제라는 표현은 아우구스투스의 치세治世를 보며 전제 정치의 맛을 알던 서아시아인에 의해 공공연하게 사용하였으며, 명칭의 공식화는 아우구스투스를 이은 티베리우스 황제 때부터 본격화되었다.

초대 황제 아우구스투스

🔑 군벌

로마는 확대된 지역을 안착시키는 데 공화정보다 통제가 쉬운 강력한 통치자가 있는 군주제가 적절함을 알게 되었다. 그러나 로마는 공화정 체제로 시작했기에 군주제에 대한 로마인들의 인식이 부족했다. 군벌은 체제 변화 과정에서 중간 형태로 활용된 열쇠이다.

베들레헴의 한 아기와 아우구스투스

로마가 황제 시기에 들어서면 서 꼭 짚고 넘어가야 할 부분이 있다. 이는 후기 로마 문화의 주역일 뿐 아니라 중세 문화의 주역이 되기도 하는 기독교의 등장이다. 여기서 그 출발의 모습을 엿보도록 하자.

기원전 64년에 폼페이우스에 의해 헬레니즘 세계의 한 부분이던 시리아 왕국이 정복되고, 이듬해 팔레스티나 지역도 로마의 수중에 들어갔다. 이 지역에 대해 로마는 대제사장 겸 통치자였던 하스몬 왕가의 자치권을 계속 허락했다. 기원전 37년에 이르러 아랍계 반# 유대인인 헤로데가 로마의 도움을 받아 하스몬 왕가의 혈통들을 숙청하고 독재적 지위를 구축하였다. 헤로데의 독재적 위치는 기원전 12년, 아우구스투스의 명령하에 서아시아 전역을 로마 통치의 직접 관할지로 만들고자 한 시리아 총독 퀴리니우스에 의해 제동이 걸렸 다. 기원전 8년, 팔레스티나의 자치권이 없어지고 로마에 과세하도 록 상황이 바뀐 것이다.

기원전 6년, 유프라테스 강 중류에 있는 시파르Sippar 천문대에서

시파르 천문대

당시의 별자리에 대해 예측한 내용이 있다.

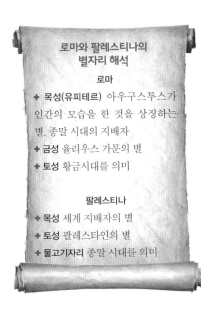

로마와 팔레스티나의 별자리 해석

로마

✚ **목성(유피테르)** 아우구스투스가 인간의 모습을 한 것을 상징하는 별. 종말 시대의 지배자

✚ **금성** 율리우스 가문의 별

✚ **토성** 황금시대를 의미

팔레스티나

✚ **목성** 세계 지배자의 별

✚ **토성** 팔레스타인의 별

✚ **물고기자리** 종말 시대를 의미

봄에는 목성과 금성이 만나며, 여름과 가을에 목성은 물고기자리 가운데서 때때로 토성과 만난다.

기원전 4년경, 팔레스티나에서는 호구 조사를 위한 신고가 시작되었다. 이때 베들레헴을 고향으로 둔 평범한 유대인 요셉과 임신 중이었던 마리아는 신고에 임하고자 베들레헴 마을 어

아기 예수와 동방박사의 경배

귀까지 와서 한 여관의 마구간에서 아기를 출산했다. 특이한 것은
보잘것없는 장소에서 태어난 아기에게 낯선 이방인들_{동방의 현자들}이 찾
아와 경배하고 보배 함을 열어 황금과 유향과 몰약을 예물로 올렸다
〈마태〉 2:11는 점이다.

아우구스투스 카메오

한편 아우구스투스에 이어 2대 황제가 된 티베리우스는 게르만족 토벌전에서 전과를 올려 로마에서 개선식을 거행하였는데, 그 개선식을 기념하여 그는 '아우구스투스의 카메오^{보석에 양각으로 조각한 것}'를 만들었다. 카메오를 묘사해 보면, 로마의 여신 곁에 아우구스투스가 올림포스의 신들과 같은 모습으로 앉아 있고, 그 발 아래 제우스의 독수리가 날개를 접고 앉아 있으며, 아우구스투스의 등 뒤에는 오이쿠메네^{로마 제국을 상징하는 말} 여신이 서서 제우스의 떡갈나무 관을 그에게

씌워 주고 있다. 그리고 아우구스투스의 앞에는 티베리우스가 개선 행렬의 전차에서 내려서 있으며 전차 아래로는 사로잡아 온 게르만들이 있고, 그들 위로 '승리의 기둥'이 세워져 있다.

카메오에서 특이한 것은 아우구스투스가 제우스의 현신으로 묘사되고 있는 점이다. 그중 떡갈나무 관을 받고 있는 그의 모습은 아우구스투스가 지상에 평화와 안전, 축복과 구원을 가져온 세계사적 구세자로 칭송되고 있음을 나타내는 것이라고 종교사가는 분석한다.

그렇다면 기원전 6세기에 점성가들을 통해 회자되던 별이 암시한 세계 지배자는 팔레스타인의 '그 아기'인가, 아니면 아우구스투스인가. 분명한 것은 역사 속에서 로마 문화와 기독교의 만남은 이렇게 시작하였다는 것이다.

미래를
여는
열쇠
Check It

🔑 기원전 6년

로마 문화의 두 주인공인 황제와 기독교의 첫 만남이 이루어진 때이다.

황제들과
로마
패망

자유, 평등 의식이 스며 있던 로마 공화정과는 거리가 먼 황제의 전제 정치는 결국 역사의 흐름 속에 로마 제국의 패망이라는 결과를 보여 주었다. 아우구스투스 이후 황제 통치기에는 겉보기에 화려하고 풍성한 문화적 결실이 있었다. 그래서 로마 패망에 이르기까지 황제들의 통치 모습을 한 편의 드라마처럼 엮어낼 수 있다.

제정帝政기에 등장하는 수많은 황제들의 통치기는 몇 단계로 나누

아우구스투스 혈통 4명의 황제들 왼쪽부터 티베리우스(재위 14~37), 칼리굴라(재위 37~41), 클라우디우스(재위 41~54), 네로(재위 54~68)

플라비우스 집안 황제들 왼쪽부터 베스파시아누스(재위 69〜79), 티투스(재위 79〜81), 도미티아누스 (재위 81〜96)

어 살펴볼 수 있다. 먼저 아우구스투스가 안착시킨 제정帝政 초기 4명을 보면 모두가 통치자로서의 자질이 부족한 모습을 보였고, 말로末路도 비참하였다.

특히 아우구스투스 혈통의 마지막 황제인 네로 때에는 대화재 사건과 기독교인 박해, 황제 신권화 작업 등으로 로마 시민이 많은 고통을 받았다. 결국 지방 총독들의 반란으로 네로가 제거된 후, 황실은 아우구스투스 이전 군벌 시대와 흡사한 환경으로 돌아갔다. 이때 1차 유대 전쟁을 승리로 이끈 플라비우스 집안의 베스파시아누스 총독과 두 아들에 의해 아우구스투스 가계와 무관한 황실이 만들어졌다. 이로써 아우구스투스가 원했던 로마 제정帝政과는 거리가 멀어지고 있었다.

플라비우스 집안의 통치도 오래가지 않았다. 도미티아누스 황제가 스스로를 신격화하려다 근위대장에게 살해당한 뒤 로마 황실은

오현제 왼쪽부터 네르바(재위 96~98), 트라야누스(재위 98~117), 하드리아누스(재위 117~138), 안토니우스 피우스(재위 138~161), 마르쿠스 아우렐리우스(재위 161~180)

다시 공황 상태에 빠졌다.

원로원의 추대로 다음 황제로 선출된 것은 66세의 고령이었던 네르바였다. 그는 생전에 능력 있는 인물에게 정권을 이양하고 양자養子로 혈통을 승계하는 등 획기적 방안을 마련하였다. 이로써 그를 이어 배출된 4명의 황제에 의해 로마는 다시 안정기_{오현제 시기}에 들어갔다. 그러나 아우구스투스 제정帝政의 첫 구상인 혈통 중심의 통치와는 거리가 있던 황실이었기에, 이 시기도 불안전한 모습을 완전히 배제하지는 못하였다. 결국 오현제 중 마지막 인물인 마르쿠스 아우렐리우스의 친자 혈통 승계로 황제가 된 코모두스의 타락으로 로마는 다시 깊은 수렁으로 빠져들었다.

코모두스가 통치한 지 얼마 후부터 26명의 황제가 50여 년 동안 등장하고 사라진 '군인 황제 시기'를 맞아 로마는 패망의 절정기에 달하였다. 군인 황제 시기에는 중앙 정부의 통치가 마비되어 로마 사회가 완전히 무정부 상태에 빠졌다.

하지만 뒤이어 강력한 전제적 통치를 시도한 몇몇의 황제들^{디오클레}
^{티아누스, 콘스탄티누스 1세, 테오도시우스}이 다시 등장했다. 불행히도 이들은 군인
황제 시기에 받은 충격을 끝내 회복하지 못하였다. 이로써 로마는
전면前面에서 사실상 사라지게 되었다.

로마의 패망은 한마디로 '황제권 붕괴'이다. 그렇다면 황제권이
사라지면 다시 공화정 체제 속의 민권이 강화된다는 상식적 논리가
펼쳐질 것인가? 그리스나 초기 로마를 통해 이어진 자유, 평등 체제
의 모델이 된 공화정은 사실상 로마 황제의 통치 범위 내에 흡수되
었고, 이제 황제가 사라지면서 공화정체 자체가 없어진 것과 마찬가
지였다.

그렇다면 공동체 안에서 모두가 동등하게 자유, 평등할 수 있는
방법을 역사적 사건들을 통해 풀고 있는 이 글도 여기서 마감해야
할 것이다. 그나마 남아 있는 것은 앞서 기원전 6년에 황제와 함께
등장한 아기 예수의 탄생 부분이다. 혹시 아기 예수 탄생 이후의 행
적이 이 글이 마감되지 않게 할 수 있을까?

로마 제국의 몰락

로마 문화의 주인공이 황제가 아니었음을 말해 준다.

로마의
기독교화

기독교의 출발이 아기 예수의 탄생부터라면 그다음 과정들은 어떻게 전개되었는가? 별의 예언대로 세계의 지배자라 불리던 로마의 아우구스투스와 팔레스타인의 예수 그리스도, 모두가 세상을 떠났다. 그러나 아우구스투스는 그의 분신인 황제들과 로마 제국을 흔적으로, 예수 그리스도는 부활과 성령 강림의 과정을 통해 활동하게 된 제자와 사도들 그리고 기독교인크리스천들을 흔적으로 남겨두었다.

예수 그리스도의 복음이 유대 지역에만 머물지 않고 세계로 퍼져 기독교로 변하는 데 활동한 대표적 복음 전파자는 제자 베드로기원전 1~서기 67와 사도 바울기원전 5~서기 67이다. 강력한 로마 지배자의 등장은 이들이 복음을 당시 서구의 중심지인 로마까지 전하는 데 치명적인 방해가 될 수 있었다. 그러나 다행히도 아우구스투스의 후예인 황제들이 하나같이 확실한 통치를 못 하였기에 상대적으로 복음 전파자의 움직임이 순조로웠다. 그러나 이들의 순조로움도 잠깐, 네로 때 일어난 로마 대화재 사건이 빌미가 되어 복음 전파자인 베드로와 바울은 많은 그리스도인과 함께 순교하였다.

아우구스투스의 혈통이 끊어진 가운데 등장한 플라비우스 가문의 통치기에 기독교 복음 전파는 한마디로 소강상태였다. 왜냐하면 새로운 황제들은 로마 시민에게 인기를 끌고자 외교적으로 골치 아픈 팔레스티나 지방의 반란들을 완전히 진압했는데, 이는 기독교 복음의 원천지가 없어진 셈이기 때문이다. 그러나 유대인이

로마 시대 지하 예배당 카타콤

아닌 이방인에게 펼쳐진 복음 전파는 사도 바울의 순교 시기에 이미 뿌리가 깊게 내려져 있었다. 그렇기에 팔레스티나 지방은 없어졌지만 그리스도의 복음은 계속 진행되었고, 이방인에게 뿌리내린 복음의 질적 발전은 오현제의 강력한 통치기 때 지하로 숨어들어 견고하게 이루어졌다.

로마의 최대 혼란기인 군인 황제 시기에 지하에서 신앙을 돈독히 한 기독교도들은 이제 복음의 양적 확대를 시도하며 로마 사회 표면

콘스탄티누스 전기를 묘사한 삽화

으로 나왔다. 그러다가 신권적 전제 군주를 지향하는 디오클레티아누스 황제 때 최대의 박해를 당하게 되었다. 이로써 박해 기간에 수많은 그리스도인들이 순교하였고, 그들은 신앙을 지키기조차 힘든 상태가 되었다.

3년여를 박해하던 디오클레티아누스가 물러나고, 후임자인 콘스탄티누스가 황제에 오를 즈음에는 놀라운 기적이 일어난다. 락탄티우스나 에우세비오스의 《콘스탄티누스 전기》에 언급된 기록을 보면 이러하다.

콘스탄티누스가 혼란한 로마를 다시 뭉치려는 전쟁을 준비하고 있던 갈리아 지방에서의 어느 날312, 해가 서쪽으로 기울 무렵에 눈부신 빛에 둘러싸인 하늘에 십자가가 나타나며 십자가에 쓰인 글귀가 보였는데 내용은 '그대여 이것으로써 이겨라'였다. 그것을 본 그날 밤 콘스탄티누스의 꿈에 그리스도가 나타나서 그의 군기에 십자가를 달도록 명하였는데 이 계시를 기이하게 여기고 꿈의 내용대로 행한 콘스탄티누스는 전쟁에서 줄곧 승리를 하였다.

성 어거스틴

이를 계기로 콘스탄티누스는 로마 사회에서 기독교를 정당하게 활동하도록 인정하는 밀라노 칙령을 313년에 공표하였다. 이 순간 유대인과 선택된 민족만이 믿을 수 있는 민족 신앙이 예수 그리스도의 죽음과 부활 그리고 그의 제자들의 복음 전파로 인해 로마 제국의 모든 사람들이 공유할 수 있는 초국가적이며 민족 단위를 넘어선 기독교로 거듭났다.

로마는 동서로 영토가 분리되기 전 마지막 황제인 테오도시우스 황제 때 기독교를 로마의 국교로 받아들였고, 성 어거스틴이 기독교의 학문적 모체가 되는《신국》을 발표하며 기독교의 미래는 탄탄해 보였다. 그러나 로마가 동서로 나뉘진 지 얼마 뒤 제국의 원천지인 서로마가 멸망[476]하면서 아우구스투스에서 시작된 황제의 지배가 끝나고 서구 고대도 막을 내렸다. 결국 기독교도 황제의 몰락과 함께 사라지는 것이 당연해 보인다. 과연 기독교는 황제 몰락과 함께 사라졌는가?

미래를 여는 열쇠
Check It

🔑 **기독교**

제국이 사라져도 로마 문화를 지속할 수 있는 대안으로 인식하게 해 주는 열쇠이다.

전제주의적
중앙집권 국가,
한(漢) 왕조

잠깐 유라시아의 동쪽으로 시선을 돌려보자. 유라시아 대륙 서쪽에 대제국인 로마가 번성하고 있던 시기, 동쪽에 있는 중국에도 한漢이라는 통일 제국이 들어서 있었다. 한 제국 체제 속에는 과연 인간의 자유와 평등 의식이 어떻게 다뤄지고 있는가?

최초로 중국을 통일한 진 왕조는 한비자韓非子의 법가 사상에 기초한 법치주의를 통해 국가 체제를 정비하고 황제의 권한을 강화하였다. 그러나 황제 체제는 법을 통한 힘의 통치로써 갖추어질지 모르지만, 덕으로 백성을 다스리지 못하여 황제의 위치를 확고히 하는 데는 한계가 있어 보였다. 그런 한계의 조짐은 백성에게 나타났다기보다 시황제 자신의 권력 강화책들〈중국 최초의 통일 국가, 진(秦) 제국〉 참조에서 드러났다.

진 시황제의 이런 불안은 결국 그의 가계家系가 삼대까지 이어지지 못하고 진 왕조가 멸망하는 결과를 가져왔다. 이렇듯 천자가 아닌 인위적 지배자인 황제의 위치에 대한 불안감은 한 왕조를 연 농

장건의 서역 원정

민 출신 유방에게도 심각한 문제였다. 한 왕조가 전 중국을 통일한
이상 황제의 권한이 강화되어야 하는데, 진 왕조처럼 법치주의를 펼
친 법가法家에만 의존할 수 없었다. 다른 확실한 사상적 배경이 필요
했다.

사상적 배경이 세워진 것은 한 왕조를 탄탄하게 세워 놓은 실질적
인 인물인 무제武帝 때 가능했다. 무제의 선택은 바로 분서갱유 이후
탄압을 받아오던 유교였다. 공자와 맹자에 의해 완성된 유교에서 보
이는 군신유의君臣有義, 붕우유신朋友有信은 '위와 아래'의 도덕관상하 질서 사
상을 확고히 마련해 주었다. 이는 황제 지위의 존엄성 강조나 황제의
행동이 모든 자연 현상에 일치한다는 신비적 입장을 백성에게 강요
하는 데 큰 도움이 되었다. 이로써 진 시황제가 원했던 중앙집권적
전제 군주의 모습이 한 왕조 때 완성됐다.

황제의 정치적 권한이 강화된 한 왕조는 영토의 확장도 병행하였다. 장건, 반초 등의 노력으로 서쪽과의 무역을 위한 교역로_{실크로드}까지 열린 것이다. 기원전 2세기에 제국이 된 한 왕조는 동방뿐 아니라 유럽에까지 널리 알려져 명실공히 서유럽의 로마 제국과 쌍벽을 이루는 세계 대제국의 면모를 갖추게 되었다.

그러나 대제국하에 경제가 발전하면서 부와 권력을 한 몸에 지닌 호족_{농업 지주와 관료의 일체}가 된 모습들이 생겨났고, 이들 중 몇몇은 무제 이후 탄탄하게만 보이던 황제의 권위를 넘보게 되었다. 물론 황제 옆에서 부패한 환관들이 실질적인 원인을 제공했지만, 한 제국은 실력 있는 호족들에 의해 삼국으로 나누어지면서 왕조의 문을 서서히 닫게 되었다.

한 왕조 때는 전제 군주의 권한이 유교를 통해 강화되었던 것과 군주의 능력을 보이려고 시도한 영토 확장이 서방과의 교역을 가능하게 하였다. 이로써 경제적 부가 축적되었는데, 두 경우 모두 황권

전한과 후한

전한(기원전 202~서기 8)

✚ **고제(高帝)**
- **건국** 농민 출신 고제 유방
- **수도** 장안

✚ **무제(武帝)**
- **정치** 전제주의적 중앙집권제
- **사상 통일** 초기의 온건한 도가 사상 배제, 경제 발전 위해 진나라 법가 중시
- **유교 숭상** 동중서(董仲舒)가 보급
- **흉노 토벌** 기원전 127년, 위청(衛青) 장군이 큰 타격을 주었다.
- **실크로드** 중앙아시아에 이르는 서역로가 열리다.
- **역사서 편찬** 사마천의 《사기(史記)》

후한(서기 25~220)
- **수도** 낙양
- **종이 발명** 환관 출신 채륜
- **서역 평정** 반초, 유럽에 중국을 소개
- **학문** 훈고학(경학) 발달
- **정치** 외척과 환관의 권력다툼(위, 오, 촉) 개막

의 전제화에만 초점이 맞춰져 있을 뿐 중국인의 자유와 평등에 관한 일말의 움직임이 보인 것은 아니었다.

그럼에도 자유와 평등에 관한 그 '무엇'을 찾는다면, 먼저 유교 강화와 영토 확장이 호족 세력을 키워서 도리어 전제 군주의 약화를 초래한 점을 들 수 있다. 다음으로 중국인에게 평등 의식을 일깨워 주는 인도 불교의 전래가 한 왕조에서도 엿보이고 있었다는 점을 들 수 있다. 그러나 중국 사회에 신분을 분류하기 시작한 유교가 깊게 뿌리 내린 이상, 이런 평등을 백성 스스로가 주장하거나 그들의 의식 속에 스며들게 한다는 것은 불가능해 보이며, 사실 그러하였다.

미래를
여는
열쇠
Check It

🔑 한 왕조와 유교

동아시아 지역은 유럽과 달리 점점 더 자유와 평등 의식과 멀어졌음을 보여 준다.

첫 번째
동서 문화 교류
사상로(思想路)

기원전 6세기경 정립된 여러 사고 체계가 동서 각 지역에 문화적 차이를 나타냈다. 그렇다면 세계는 오늘날까지 서로 단절된 채 독자적 문화를 형성해 왔을까? 세계 각 지역들이 몇 천 년 동안 자기의 문화만을 고집했다면 오늘날과 같은 하나의 지구촌이 과연 가능했을까?

각 문화권들은 그 옛날 언제부터인가 분명히 교류했을 것이다. 그러므로 중요한 것은 '언제부터 교류가 시작되었나?'이다. 이를 역사 속에서 풀어나가기 전, 먼저 짚고 넘어갈 것은 문화 교류란 단지 문화를 일부 전해 주는 것만 의미한 것이 아니란 점이다. 진정한 교류가 되려면 양쪽 문화가 서로 융합되어 새로운 문화가 다시 생성되어야 한다.

《동서 문화 교류사》를 쓴 역사학자 프랑케는 아우구스투스 치세중, 기원전 1세기경에 중국인을 지칭하는 데 세리쿰Sericum, 비단에서 파생된 세레스Seres 또는 세라Sera라는 단어를 사용한 것을 지적하면서, 초기 동서 교류가 이즈음 활용된 비단길을 통해서 시작됐을 것

아소카 왕의 석주

이라 추측했다. 그러나 실질적인 교류는 13세기 몽골의 초원길을
통해 이뤄졌음을 주장하고 있다. 이런 프랑케의 주장이 맞는다면
13세기까지 동서 간에 문화 교류가 전혀 이뤄지지 않았다는 의미가
된다.

　생각을 다시 모아 보자. 알렉산더가 서아시아를 정복할 당시 인더
스 강을 넘어 인도로 완전히 들어서지 못한 역사적 사건은 고대 동
서 문화 교류의 한계로 생각할 수 있다. 그러나 알렉산더가 죽은 다
음 해인 기원전 322년, 고대 인도에는 최초의 통일 왕국인 마우리아
왕조가 들어섰다. 이 왕조를 세운 찬드라굽타는 헬레니즘 문화가 인

도에 스며들게 하였다. 이로써 알렉산더가 직접 인도로 들어가진 못했지만 그의 정신은 넘어간 것이다.

마우리아 왕조의 아소카 왕 때 융성한 소승불교는 쿠샨 왕조라는 헬레니즘 문화권에서 넘어온 민족 대월지에 의해 이어진 뒤, 비非인도인이 이해할 수 있는 불교가 되었다. 이 불교는 헬레니즘 문화와 합류하여

간다라식 불상

서구적 성향이 강한 독특한 간다라 불교문화를 만들어 냈다. 특히 외방 민족이 불교를 쉽게 이해하게 하려고 설법 위주의 소승불교에서는 찾아볼 수 없는 불상이 처음 만들어졌다. 그 모습이 무척 서구적그리스적이어서 이를 간다라식 불상이라고 하였다.

이렇게 서구 문화와 합류한 불교문화는 인도에 그대로 머물지 않고, 원시 정령숭배 사상과 접목된 근대 힌두교가 다시 강세를 보인 굽타 왕조 때 둔황을 거처 중국으로 흘러들어 갔다. 중국에서 불교는 당나라 때 꽃망울을 터트렸다. 여기서 비인도인이었던 중국인이 받아들인 불교는 대승불교였다. 이때 간다라식 불상이 함께 들어와 동양적 형태를 띤 불상이 많이 만들어졌으며, 대중에게 포교하기 쉬

운 방식으로 퍼져 나갔다. 대승불교는 한반도의 불교에도 영향을 미쳤는데 그중 백제 불교예술은 일본열도의 아스카 문화로 연결되었다.

그러나 인도의 불교는 굽타 왕조 때 힌두교에 의해 박해를 받으며 힌두교 문화권 속으로 스며들어 희석되고 소멸되어 갔다.

이를 보면 기원전부터 자유와 평등 정신을 포용하고 있던 그리스 문화는 눈에 보이지는 않았지만 사상적인 흐름을 타고 동쪽으로 흘러가 새로운 문화를 낳고 있었음을 알 수 있다. 새로운 문화란 바로 동아시아에서 불교문화로 꽃을 피운 그것이며, 진정한 동서 문화의 교류는 서로 간의 문화를 융합시키며 이렇게 시작되었다.

🔑 사상로와 간다라 불교

당시 동아시아 지역은 일반적으로 자유와 평등 의식과는 멀어져 있었지만, 그렇다고 완전히 배제된 것은 아니라는 점을 보여 준다.

동아시아의 끝(1) 한반도

유라시아 대륙의 동쪽 끝에 위치한 한반도는 중국의 거대한 황하 문명 형성기에 미약한 모습으로 시작되었다. 중국 문화가 충분히 미칠 수 있는 지정학적 조건을 갖고 있었지만, 정작 설화 속에 언급된 한반도의 시조는 중국의 시조인 황제黃帝의 줄기와는 다른 모습으로 출발하였다. 그렇기 때문에 역사와 문화의 전개에 있어 반도만의 독특한 특성을 보였다고 해도 그리 틀린 말이 아닐 것이다.

한반도 지역은 기원전 4000년경에 신석기 문명을 달성한 후, 기원전 2333년에 단군왕검에 의해 고조선이라는 부족 국가를 이루었다. 이로써 반도 역사의 뿌리가 깊음을 쉽게 짐작할 수가 있다. 이후 고대 국가의 형태를 띤 고조선은 대동강 유역에서 북쪽 만주 평원 지대요동벌로 세력 범위를 넓혔다. 상대적으로 대동강 남쪽 한반도 깊숙한 곳은 곳곳이 산악 지역으로 가로막혀 있었기 때문에 고조선은 이 지역까지 지배하지는 못했다. 만주 평원 지대까지 번성한 고조선은 중국 문명의 영향을 피할 수 없었다. 때문에 중국 문명으로부터

광개토대왕릉비

독자성을 찾기까지는 오랜 시간이 걸렸다.

　중국에서 한漢 왕조가 망한 뒤 여러 나라로 사분오열하던 시기5호 16국 시기, 서기 304~439년에 고구려의 광개토대왕과 장수왕은 이전과 달리 만주 지역을 평정하면서 영토를 확장시켜 중원 대륙 문화에 강력하게 대응하는 모습을 보였다. 여기서 한반도 민족의 독자성을 충분히 엿볼 수 있으며, 이 정벌로 중국 문명이 일방적으로 몰려 내려오는 것을 사실상 막았음을 알 수 있다. 덕분에 3~4세기 한반도 남쪽 지역에 강과 평원으로 이루어진 곳을 중심으로 고대 국가를 형성한 백

한반도의 발전

고조선
+ 기원전 2333년, 단군왕검이 아사달에 건국
+ 부족 국가 형태
+ 기원전 195년, 기자조선과 위만조선
+ 기원전 108년~서기 314년, 한제국에 멸망당함, 한사군 설치

고구려
+ 53년, 태조왕 즉위, 강성
+ 313년, 낙랑군을 멸망시키고, 중국 지배에서 벗어남
+ 372년, 불교 전래, 태학 설치
+ 404년, 광개토대왕 요동 진출
+ 427년, 평양 천도
+ 612년, 살수대첩에서 수나라의 침입을 물리침
+ 645~668년, 당의 고구려 침입
+ 668년, 멸망

백제
+ 234년, 고이왕 즉위, 강성
+ 384년, 불교 전래
+ 4세기, 일본에 한학 전래
+ 433년, 나제 동맹 성립
+ 552년, 일본에 불교 전래
+ 660년, 멸망

신라
+ 356년, 내물왕 즉위, 강성
+ 433년, 나제 동맹 성립
+ 520년, 율령 발표
+ 527년, 불교 공인
+ 632년, 첨성대 건립

제와 신라에는 당시 불교나 한학이 중국으로부터 분명히 전래되었지만, 고구려가 방파제 역할을 하여 독창성 있는 한반도만의 문화가 만들어졌다.

한반도에서의 군주권은 중국 천자황제의 권력과 비교할 수 없다. 단군왕검 이후 고조선에는 중국의 영향력이 계속됐기 때문에 자체적으로 신권적 전제 군주를 표현하기 힘들었다. 그나마 독자적으로 왕의 권력을 강화하려 한때는 시기적으로 신권적인 전제 군주제를 강요할 수 없는 분위기가 되어 있었다. 왜냐하면 고구려는 서기 1세기, 백제와 신라는 서기 3~4세기에 왕권이 강화되었는데, 당시 중국은 황제가 유교를 통해 자신의 권력을 인위적으로 강화하기에 급급하던 때였으며 한반도 내 권력자들도 문화적 왕래가 빈번한 가운데 그런 분위기를 따를 수밖에 없었기 때문이다.

결국 한반도의 왕들도 인위적으로

왕권을 강화할 수밖에 없었는데, 이에 중국에서 들어온 유교가 큰 몫을 하기 시작했다. 대표적인 것이 고구려 때 유교 교육기관인 태학太學을 설치한 것이다. 이제 유교가 정치의 기준이 되고, 불교가 사상과 문화의 중심이 되면서 점차 국가가 체계화되었다. 결국 유교에 의한 신분 계급화와 왕권 강화 속에서 한반도 삼국의 백성도 자유와 평등이란 개념과는 멀어지는 쪽으로 자신들의 운명이 결정되기 시작하였다.

미래를
여는
열쇠
Check It

🔑 한(韓) 민족

문화적으로 불교와 유교를 흡수하면서 자유와 평등 의식과 멀어져 있는 점이 동아시아 지역에 속한다는 것을 보여 준다. 그러나 중국의 한(漢)족과 다름을 보여 주기도 한다.

동아시아의
끝(2)
일본열도

화산 지형들이 즐비하고 섬이라는 지정학적 특성 때문인지 일본열도는 문명의 발달이 무척 늦었다. 물론 기원전 3000년경에 선사 문화의 흔적이 보이지만, 서기 3세기까지도 제대로 된 국가 형태를 만들지 못하였다. 그나마 문명의 이기利器를 맛보기 시작한 것은 《후한서》〈동이전東夷傳〉에 기록된 서기 57년 후한 광무제가 사신을 보내면서였다. 이때에도 일본열도는 씨족이나 부족 사회 형태였고, 종교도 정령숭배神道, 新道 상태를 벗어나지 못하고 있었다.

그러다 서기 5~6세기에 접어들면서 야마토 정권 때 백제로부터 불교와 한학이 전래되자 본격적으로 국가의 모습을 띠게 되었다. 특히 아스카 불교 사원을 중

쇼토쿠 태자

신도 사상을 드러내는 대표적 건축물인 야스쿠니 신사

심으로 중앙집권적 체제를 성립시키는 다이카 개신大化改新을 단행하였다. 중국 당나라와 직접 문물을 교류하며 점차 국가의 면모를 갖추었으며, 쇼토쿠聖德 태자 때 법률이 제정되면서 제대로 된 고대 국가인 나라奈良 시대가 열렸다.

국가가 완성되면서 당연히 왕권 강화가 필요해졌다. 이전에 대왕오오기미이라 불리던 왕은 《고사기古事記》[12]와 《일본서기日本書紀》[20]에 천황 신화가 만들어진 뒤 신권적 전제 군주로 탈바꿈하였으니, 대표적인 천황은 《일본서기》의 편찬을 명한 덴무천황天武天皇이었다. 이러한 천황의 위치도 9세기경부터 시작되는 헤이안 시대에 접어들면서 체계가 무너졌다.

7~8세기에나 겨우 왕권을 강화하게 된 일본의 경우, 한반도로부터 유교가 이미 전해졌음에도 인위적인 전제 군주보다 신권적 군주인 천황이 만들어진 이유는 어디에 있을까? 그것은 문명화되지 못한 상태에서 오랫동안 일본인의 정신을 절대적으로 지배한 초인적 혹은 신권적인 신도新道 사상 때문이다. 신도 사상은 유교 사상이 전래되었음에도 일본인의 정신 속에서 우위를 점령하였던 것이다.

비록 헤이안 시대에 이르러 천황의 위치가 흔들린다고는 하지만, 일본인은 신도 사상 아래 천황의 신권적 위치를 의심 없이 인정하고 있었다. 때문에 당시는 일본인의 자유와 평등을 논할 수 없는 상황이었다.

🔑 신도 사상과 천황

일본도 예외 없이 자유와 평등 의식과는 멀어져 있는 동아시아 지역에
속함을 보여 준다.

제2장

신
중심의
중세

중세부터 현대까지는 농업 사회로 일관된 동양보다 상업, 산업 사회로의 변화를 거듭하는 서유럽을 초점으로 역사를 풀어 나갈 것이며, 동양 부분은 비교 차원에서 다루었음을 먼저 밝힌다.

지중해 주변을 중심으로 발전한 고대 그리스 로마 문화는 로마 황제를 중심으로 절정을 이루다가 서기 5세기경에 무너졌다. 이로써 역사의 전환기가 도래하였다. 당시 지중해 북동쪽 유럽에서 문명화되지 못한 게르만족이 로마를 침입한 것은 정치적인 측면을 넘어서 고대가 이뤄 놓은 모든 문화, 그 자체의 종말까지도 엿보게 만들었다. 그러나 이런 위기를 넘기고 고대 로마 문화와 야만족인 게르만을 묶어 준 것은 다름 아닌 양쪽에서 종교로 믿고 있던 기독교였다. 이때부터 기독교가 매체가 되어 유럽에서 새로운 문화가 안착되기 시작하였으며, 중세 사회가 안정기에 들어서는 10세기경부터는 로마 가톨릭이 정치, 경제, 사회, 문화 전반의 중심에 서는 종교적 이데올로기를 형성하였다. 특히 하나님의 이름 하에 중세 종교 이데올로기의 주역으로 올라선 교황과 황제를 중심으로 당시의 역사가 엮어졌다. 그러므로 이때를 '신 중심의 중세'라고 설정할 수 있으며, 시기는 로마 문화의 멸망과 게르만이 이동하던 5세기부터 교황과 황제의 실권이 사라지는 베스트팔렌 조약[1648]이 맺어진 17세기까지로 정할 수 있다.

중세
기독교
문화

기독교 문화는 고전, 고대 문화와 사상을 중세 유럽 전역에 전달함으로써 서양의 정신적, 문화적 지배자로 군림하게 된다. 기독교 문화가 역사에 주는 의미는 무엇인가?

　인간은 공동체 삶에서 개개인의 자유, 평등을 계속 유지할 수 있는 이상理想을 역사 속에서 추구했다. 고대 그리스와 로마 초기에 이런 이상을 실현할 수 있는 공화정이라는 대표적 정체政體가 선보였지만, 실질적인 삶에 적용되려면 이 형태를 받아들이려는 개개인의 의식의 전환이 있어야 했다. 그런 전환이 있게 한 역할을 한 것이 바로 기독교였다.

　구약 시대에 소개된 십계명은 하나님과 인간의 관계[1~4계명], 인간과 인간의 관계[5~10계명]를 어떻게 행해야 하는가 설명하는 율법이다. 성경에 의하면, 하나님이 만든 최초의 인간인 아담은 선악과를 먹고 에덴동산에서 쫓겨난 후, 하나님과 인간 사이에 관계가 단절되어 있었다 때문에 하나님과 인간의 관계를 언급한 첫 계명부터 사실상 실천이 불가능했다. 하지만 신약 시대에는 하나님의 독생자 예수 그리스도가 십자가에 못 박혀 죽고, 사흘 만에 부활하는 값없

십자가에 못 박힌 예수 그리스도

십계명을 손에 든 모세

이 주는 사랑은혜의 과정을 통해 단절된 하나님과 인간의 관계가 실질적으로 회복될 수 있는 길이 마련되었다. 동시에 예수 그리스도의 사랑으로 보혜사 성령도 믿는 자들의 마음에 찾아와, 하나님이 원하시는 바를 인간이 확실하게 이해하도록 가이드 역할을 함으로써 실질적 회복이 이뤄지기 시작했다. 이런 예수 그리스도와 성령의 도움으로 십계명은 이론으로만 끝나지 않고 행行할 수 있는 계명이 되었다.

결국 십계명이 예수 그리스도를 통해 실천되는 모습이 바로 기독교 문화이다. 기독교 문화가 결실을 맺기 위한 첫 번째 배경은 하나님이 인간을 사랑하사 그들의 죄를 위하여 화목제和睦祭로 그의 아들 그리스도를 보내 주셨음을 인간들이 믿는 것이다. 이때 인간은 감사하여 전심전력으로 하나님께 순종하고 사랑하게 되며, 하나님은 이런 인간들이 자신의 자녀가 되는 권세를 허락한다. 이는 부자간父子間에 느끼는 사랑으로써 '가족 공동체 관계'가 어떠해야 하는지 보여 주는 사례이다. 다시 말해서 가족이라는 공동체 속에서 각자의 자유와 평등을 유지할 수 있는 방법은 서로가 사랑하고 존중해 주는 가족애家族愛뿐임을 하나님은 믿음으로 알아가게 해 준다.

두 번째 배경으로 사랑은 하나님께 속한 것이니 인간이 자신을 사랑하듯 서로 사랑하면 하나님이 그들 안에 거하고 그의 사랑이 인간 안에서 온전히 이뤄지게 된다는 것이다. 다시 말해서 가족 공동체로서의 자유, 평등을 유지할 수 있는 '사랑'이라는 의식이 정착되면 이웃 사랑도 가능할 수 있게 된다는 표현이다. 그리고 이웃 사랑 의식이 점차 자라나면 이웃을 넘어서 사회, 국가, 세계라는 공동체의 삶에도 박애博愛 문화로 성장할 수 있다는 것이다. 결국 기독교 문화가 잘 정착되면 가족 공동체 안에서 자신의 자유, 평등뿐만 아

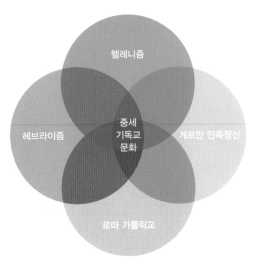

헬레니즘

헤브라이즘

중세
기독교
문화

게르만 민족정신

로마 가톨릭교

중세 기독교 문화

니라 동시에 이웃의 그것도 소중하다는 의식적 변화를 갖게 되는 것이다.

그러나 기독교 원리에 입각한 의식의 변화는 순간에 정립되는 것이 아니라 시간을 두고 점차 발전하고 궁극에 가서 확실하게 정립되는 것이다. 중세 역사를 통해 따라가 보자. 서로마가 망한 뒤 5~9세기는 기독교가 국교로 공인되었던 로마 지역과 야만적인 게르만 지역들이 접촉한 시기였다. 이에 문화가 제대로 발전하지 못한 암흑기를 맞는다. 이어진 9~15세기는 두 지역이 융합되어 새롭게 기독교 문화가 발전한 시기이다. 이때 교부 철학이나 스콜라 철학 등을 통해 시간이 지나면서 기독교 문화가 사회에 뿌리를 내리게 된다. 기독교 문화에서 공동체에서의 자유와 평등이 무엇인지에 관한 의식이 제대로 정립되자 곧 인간성^{자유와 평등}의 재발견이라는 15세기 르네상스 시기에 접어들었다. 마지막으로 17세기에 가면 본격적으로 인간은 스스로 인간의 자연권인 자유와 평등을 권력자 앞에서 부르짖게 된다. 이런 의미로 본다면 중세라는 시기는 인간이 기독교 문화를 통하여 공동체 안에서 자유, 평등할 수 있는 자세를 익혀 가는 중요한 '역사의 시기'라 할 수 있다.

미래를
여는
열쇠
Check It

🔑 기독교 문화

고대 그리스, 로마의 직접 민주정이나 공화정을 포함한 기독교 문화는 자유와 평등 의식을 구체적으로 정립하는 데 중요한 매체였다.

니케아 공의회와 게르만족의 기독교화

중세의 주역은 서유럽 중북부에 살고 있던 게르만족들이다. 그동안 야만인으로 불리던 이들이 고대의 화려한 헬레니즘과 로마 문화를 다 포용할 수 있었을지, 특히 공동체 안에서 각자가 누릴 수 있는 자유와 평등 의식을 어떻게 받아들였으며 소화했는지 모든 것이 의문투성이다. 여기서 그 실타래를 풀어 보도록

게르만족의 촌락

하자.

카이사르의《갈리아 전기》나 타키투스가 쓴《게르마니아》에 의하면 로마 제국이 무너지고 있던 5세기에도 게르만족은 키비타스Civitas라는 이합집산의 부족 단위로 원시적 농업과 목축을 하는 야만적인 생활을 영위하고 있었다. 당시 로마의 고도화된 문화 생활과 비교하면 하늘과 땅만큼 차이가 났다.

325년, 1차 니케아 공의회

이런 야만적인 게르만족이 로마 제국으로 밀려들어 왔을 때 그들에 의해 로마의 선진 문화는 거의 파괴될 것으로 여겨졌다. 그러나 역사는 두 민족의 문화가 골고루 접목되어 새로운 중세 문화를 열어나가게 되었음을 기록하고 있다. 여기에 두 문화권이 융화될 수 있었던 열쇠는 과연 무엇인가?

그것은 기독교 문화였다. 콘스탄티누스 황제의 기독교 활동 승인과 테오도시우스 황제의 국교화로 인해 로마에서는 이미 기독교 문화가 정착되어 있었고, 게르만인은 325년, 1차 니케아 공의회에서 이단으로 밀려난 아리우스파에 의해 복음화되어 있었다. 이 때문에

496년, 클로비스 왕이 개종하는 모습

두 민족에게는 교감을 느낄 수 있는 문화의 채널이 열려 있었다. 물론 로마 지상주의의 게르만인은 기독교가 아니더라도 로마인과 교류할 준비가 되어 있었지만, 게르만인을 야만족으로 인식하고 있던 로마인은 기독교와의 채널이 열려 있지 않았다면 원만히 게르만족을 받아들이지 못했을 것이다.

이렇듯 기독교라는 열린 채널은 두 민족 문화를 급속하게 융화시켰다. 그 역사적 증거는 먼저 프랑크 왕국의 클로비스 왕이 아타나

시우스파로 개종한 후 496년에 메로빙거 왕조를 개창함으로써 다른 게르만족보다 빨리 선진화되었으며, 근대 서유럽의 주요 국가들인 프랑스, 이탈리아, 독일의 전신前身이 되었다는 데서 찾을 수 있다. 프랑크 왕국의 다음 왕조인 카롤링거 때에는 샤를마뉴가 로마 교구장에게서 서로마 황제의 왕관을 제수받은 후, 로마 제국의 전통을 이어 가는 서로마 제국의 부활을 공표800하였다. 이때가 오늘날 우리가 말하는 유럽의 시작이다.

한편 게르만과 로마 사회가 융합될 때 이해가 안 되는 부분이 있다. 상식적으로 야만적인 문화를 갖고 있던 게르만족이 선진 문화인 로마 사회에 흡수되어야 하는 것이 순리일 텐데, 반대로 로마의 게르만화가 일어났다는 것이다. 당시 마르세유의 가톨릭 사교였던 사르비아누스는 다음과 같이 말했다.

로마인 중 빈민, 미망인, 고아는 게르만인 아래서 로마적 인도스

프랑크 왕국

메로빙거 왕조
✚ 클로비스 왕 수아송 전투에서 로마군을 격파하고 프랑크 왕국 건설
✚ 496년 클로비스 왕의 개종
✚ 683년 카를 마르텔이 프랑크 왕국의 궁재(宮宰)가 되다.
✚ 732년 마르텔이 투르 푸아티에 전투를 승리로 이끌다(이슬람인과의 첫 만남).

카롤링거 왕조
✚ 751년 카를 마르텔의 아들인 소(小)피핀이 왕이 없는 메로빙거 왕조를 접고 왕이 되다.
✚ 754년 피핀이 로마 교구장(스테파노 2세)에게 라벤나를 기증하여 교황령의 시초가 되다.
✚ 샤를마뉴 카를 마르텔의 손자. 프랑크 영토의 확대.
✚ 800년 샤를마뉴가 로마 교구장(레오 3세)에게서 서로마 황제관을 받다.

道를 구한다. 왜냐하면 로마인 아래서의 게르만적 비인도非人道를 견딜 수가 없었기 때문이다. 따라서 모든 로마인의 유일한 희망은 다시 로마의 지배 아래 복종하는 사태가 일어나지 않는 것이다. 로마 민중의 유일하고도 공통된 기도의 대목은 '게르만인과 함께 생활할 수 있게 하소서'이다.

로마 말기에 과중한 세금에 허덕이던 로마계 주민들은 게르만족이 들어오고부터 로마식 체계가 무너짐으로써 세금을 내지 않고 생활할 수 있게 되었다. 다시 말해 로마인이 게르만족에게 혜택을 받는 상황이 되었다. 이제 기독교 문화 속에 스며 있는 자유와 평등이란 주제는 그리스, 로마가 있는 지중해 주변뿐 아니라 기독교 문화를 받아들인 게르만을 포함한 서유럽 전역으로 확대되었다.

미래를 여는 열쇠
Check It

🔑 게르만족의 기독교화

기독교가 로마 제국 멸망 이후에 로마 문화를 중세로 이어 주는 매체이자 주체임을 보여 준다.

황제와
교황의
동맹 관계

로마 영광의 재건을 지상 목표로 한 프랑크 왕국의 게르만 지배자는 로마 부흥의 응집력이 기독교로부터 나온다는 것을 알고 있었다. 그렇기 때문에 소_小피핀이 서로마 교구장에게 라

벤나 영토를 기증한 후 카롤링거 왕조를 열었다. 소피핀의 아들인 샤를마뉴는 동로마 교구장의 사주로 위협을 받던 서로마 교구장의 신변을 보호한 것이 결정적 계기가 되어 800년, 크리스마스이브에 서로마 교구장_{제국 부활 후에 교황으로 불림}의 주도하에 서로마의 황제관을 쓰게 되었다.

서로마의 멸망 후 황제가 없는 로마에서 형식적인 지도자 자리에 있던 교구장도 기독교의 세

샤를마뉴 대제

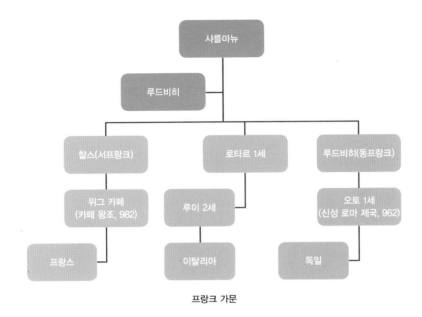

프랑크 가문

계복음화란 지상과업을 달성하기 위해 현실적인 지원 세력을 필요로 하였다. 이때 프랑크 왕국의 지배자들 중 샤를마뉴에게서 그 가능성을 발견하고 그에게 황제관을 수여하였다. 이렇듯 정치와 종교 수장들은 생각이 달랐으나 서로의 목표를 위해 동맹의 길을 걷게 되었다.

교황과 황제의 제휴는 순조로운 듯 보였으나 또 한 번의 위기가 있었다. 당시 프랑크족에게는 모든 아들에게 골고루 재산을 나눠주는 관습분할 상속제이 있었는데, 이는 왕족들도 예외가 아니었다. 다행히 샤를마뉴 대제는 자신의 강력한 통치로써 이런 관습을 막을 수 있었지만, 나약한 그의 손자 대에 가서는 분할 상속의 관습이 되

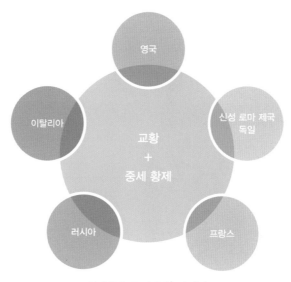

중세 유럽, 두 세력의 동맹 관계

살아났고, 결국 왕국은 세 지역^{서프랑크, 중프랑크, 동프랑크}으로 나뉘었다. 왕
국의 분할로 권력이 분산되자 당황한 쪽은 교황이었다. 그리고 교
황은 자신의 교권을 유지할 새로운 동맹 관계를 세 지역 중에서 찾
게 되었다. 이때 왕국 분할 후 동프랑크^{지금의 독일} 지역를 통치하던 오토
왕이 자신에게 특별한 배려를 보인다는 것을 알고, 서로마 황제관
을 그에게 재차 수여했다. 이로써 교황은 다시 교권을 보호받게 되
었고, 황제가 된 오토는 서로마 제국의 전통을 지닌 신성 로마 제국
을 새롭게 선포하게 되었다.

중세에 들어서서 황제와 교황이 함께 권력의 입지를 구축함으로
써 자신들과 일부 추종 계층들은 자유와 평등을 누리게 되었지만,

교황 아가페투스 2세에게 황제권을 수여받는 오토 1세 (왼쪽)

대다수 유럽인은 로마 제정기 이후의 부자유와 불평등을 그대로 겪고 있었다. 그러나 인간이라면 누구나 자유와 평등을 추구할 수 있음을 깨닫게 해 주는 정신적 기반인 기독교가 두 지배자의 핵심 사상이고, 이를 통해 둘이 동맹 관계를 맺고 있으니 조만간에 중세 유럽인 모두에게 자유와 평등의 영향력이 미치리라는 것을 쉽게 예감할 수 있다.

미래를 여는 열쇠
Check It

🔑 중세 황제와 교황의 동맹

로마의 전통을 보유한 기독교 문화가 유럽 사회에 제대로 스며들고 정착하려면 이를 강하게 이끄는 세력이 필요하다. 이에 활용된 열쇠로써, 중세 황제는 로마 전통을, 교황은 기독교 문화를 대표하는 자였다.

황제권
약화

서로마에서 황제라는 정체政體
가 476년에 무너진 뒤 몇 세기
5~9세기 동안, 서유럽인은 생존을
위해 서로가 갖고 있는 토지나
힘을 개인이나 촌락 단위로 교
류하며 자구적인 권력 통치 체
제를 만들어 갔다. 이것이 봉건제도Feudalism이다. 이는 중세 기독교
문화권하의 유럽 공동체의 모습과 개개인의 자유와 평등의 정도를
엿보게 해 준다.

봉건제도는 상부 구조가 레헨Lehen제라는 독특한 형태로 정립된
뒤, 이어서 하부 구조로 중세 농민들을 다스릴 수 있는 장원Manorial제
가 만들어졌다.

레헨제는 왕이 제후에게 토지를 하사하면 제후또는 기사가 왕에게 충
성 봉사하며 상호 간에 국가 질서를 잡던 중세에 등장한 통치 제도
였다. 하지만 이 제도는 새롭게 만들어진 것이 아니다. 로마 제정 말
기에 보은하는 입장에서 토지만 제공하고 봉사의 의무가 없던 은대
지恩代地 제도와 애국심에 가득한 충성과 봉사만 있는 게르만족의 종
사從士 제도가 접목되어 만들어진 자연 발생적인 것이었다. 레헨제가

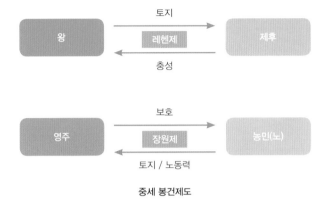

중세 봉건제도

처음 운영된 것은 프랑크 왕국이 이슬람인에게 위협받던 8세기 초 투르 푸아티에 전투 때 궁재宮宰 카를 마르텔에 의해서였다.

새로운 통치 제도가 된 레헨제하에 등장한 제후나 기사들은 자신의 생활을 영위하고자 장원제도를 만들었다. 장원은 형성되던 초기에는 계획성 없고 혼란스러우며 분산된 모습들이 많았다. 사회가 어느 정도 안정기에 들어선 10세기경에는 장원 영지의 '교환 정리'라는 대대적 움직임과 함께 대규모화되고, 한곳에 집중하는 형태로 바뀌었다.

이런 외형적 변화는 중세 통치 체제에도 변화를 가져왔다. 분산된 영지를 갖고 있던 초기 영주는 '지주의 역할'밖에 할 수 없었지만, 영지의 교환 정리 후 대규모 보유 영지가 생기면서 영지를 독자적으로 운영할 수 있는 '지배자의 위치'에 오르게 되었다. 영주에게서 지배자적 성격이 강해지자, 자유농으로 출발한 중세 농민들조차 그의 통제 아래서 농노화農奴化되었다. 이로써 영주권은 점점 더 강대해졌다.

중세 성직자, 기사, 노예의 모습

레헨제로 인해 영주는 황제나 대귀족에게 토지를 하사받은 가신家臣의 입장에 있었지만, 권력이 강해지면서 자신의 장원에서 조세권과 사법권, 경찰권까지 자치적으로 행사하는 명실공히 봉건 국가의 군주로서 실질적인 행사를 하고 있었다. 이런 상황이라면 봉건제도가 안정되면 될수록 중세의 최고 실권자인 황제의 권한은 약해질 수밖에 없다는 논리가 된다.

그러나 약화를 실감할 사건이 표면에 드러나지 않는다면 황제 자신이나 권력이 강해지던 영주들조차 황제권이 약화되어 있는지 알지 못하였을 것이다. 더구나 당시에는 교황도 황제로부터 토지를 하사받고 있었기에 그 역시 종교 제후라는 가신의 입장에 놓여 있었다. 이렇듯 표면적으로 강력하게 보이는 황제권은 십자군 원정이 일어나기 전인 11세기까지는 무난하게 행사되었다.

일반적으로 기독교 문화권 아래에서 중세 유럽인의 자유와 평등권은 고대보다 향상되었을 것이라고 추측해 볼 수 있겠다. 하지만 로마 말기 혼란한 틈을 타 자유농이 된 사람들조차 봉건제도 아래에서 다시 예속적 성격을 가진 농노가 되면서 실질적인 자유, 평등 회복의 문제는 별 진전이 없는 상태에 머물게 되었다. 단지 로마 제정 때는 제국이란 지대한 공동체 안에서 부자유, 불평등했지만, 중세는 이에 비하면 아주 작은 장원이란 공동체에서 느끼는 부자유, 불평등 정도였기에 전자보다는 느끼는 정도가 약하지 않았을까 싶다.

미래를 여는 열쇠
Check It

🔑 봉건제도

필요에 의해 교황과 중세 황제는 동맹을 맺었지만, 궁극에는 기독교 문화가 중세의 핵심 역할을 하면서 이와 밀접한 교황 쪽으로 무게중심이 넘어간다. 교황의 권력이 커지려면 상대적으로 황제권이 약화되어야 하는데, 이에 봉건제도가 열쇠로 사용되었다.

강화되는
교황권

그렇다면 기독교 문화를 중세 사회에 보급하고 발전시킨 주역이랄 수 있는 교황에 초점을 맞추어 중세 유럽인의 자유와 평등에 관해 살펴보자.

프랑크 왕국의 피핀 왕이 라벤나 토지를 교황에게 기증한 때부터 무상의 교황령이 유럽 전역에 지속적으로 만들어졌고, 부활한 서로마 제국이나 그 전통을 이은 신성 로마 제국 황제와의 타협으로 교황의 상대적 지위도 향상되었다. 이런 상황에서 많은 성직자들이 세속에 물들어 타락하는 모습을 보였다. 그러자 10세기에 클뤼니 수도원이 주축이 되어 성직자들의 타락을 정화하기 시작하였고, 그 수도원 출신 교황 그레고리우스 7세 때 정화의 모습이 절정에 다다르게 되었다.

특히 하나님과 그리스도라는 절대적 신권 아래서 정화되는 성직자들은 실질적으로 교권을 강화하는 모습을 보였고, 1075년에 성직자 임명권이 교황의 고유권임을 주장하는 단계에까지 이르게 되었다. 그 순간이 황제권과 교황권 대립의 시작이었다.

양 절대권의 대립에서 주군의 위치에 있던 황제의 권위가 당연히

클뤼니 수도원

승리하리라는 상식적인 예
상과는 달리 봉건제도로 빚
어진 황제권 약화가 표면화
되면서 결과는 1077년 카노
사 굴욕 사건을 통한 교황권
의 승리로 나타났다. 카노사
사건은 사실상 역사의 찰나
적 모습이 아니라 중세에 새
로운 획을 긋는 장면들을 연
출해 내었다. 다시 말해 이

카노사 굴욕

사건을 시작으로 교황과 황제의 대립이 지속되었고, 결국 1122년
보름스 협약에서 타협이란 명목 아래 성직 임명권이 교황에게 넘어
가게 되었다.

한편 카롤링거 왕조의 피핀 왕이 교황령으로 라벤나 토지를 기증
한 이후 황제가 무심코 교황과 사제종교 제후들에게 하사하던 봉토의
양은 유럽 전체의 과반수를 넘어서게 되었다.문제는 당시 황제가 자신보다 더 많
은 토지가 교황에게 넘어가 있다는 것을 몰랐다는 사실이다 여기서 토지의 과반수를 갖고
있는 교황이 중세의 실질적 세력이라고 볼 수 있다. 이유는 고대부
터 지속되어 온 토지를 기준으로 권력의 정도를 판가름하던 원칙이
중세에도 적용되고 있었기 때문이다.

결국 보름스 협약 이후, 성직 임명권을 갖게 된 교황은 종교 제후

대권을 누린 교황들 우르바누스 2세와 인노켄티우스 3세

의 실질적 수장이 되었고, 이제 자신의 토지로 종교 제후에게 직접 봉토를 줌으로써 중세 통치의 실질적인 일인자가 되었다. 이로써 교황의 강력한 권력은 클레르몽 공의회를 통해 십자군 원정을 일으킨 우르바누스 2세와 제4차 십자군 원정 때 동로마 교구까지 교황의 세력 범위에 넣은 인노켄티우스 3세 때 절정기를 맞게 된다.

이렇듯 황제와 교황이라는 이원 체제로 시작된 중세의 정체政體가 교황권이란 일원 체제로 굳혀진 것은 중세 자체가 기독교 문화에서 출발한 점과 연관이 있음을 알 수 있다. 특히 인간 개개인의 자유와 평등의 중요성을 인식하려면 세속적인 황제권보다 교황권이 강화된 속에서 집중적인 의식 교육이 필요하다는 것이 제대로 반영된 모습이라 볼 수 있다. 그러나 이때도 실질적인 자유와 평등 의식이 사회적으로 드러나지는 않았다.

여기서 잠깐, 공동체 속에서 모두가 각자의 자유와 평등을 추구하는 역사의 과정 중 중세 교황과 황제의 역할은 무엇인지 다시 한 번 점검해 보자. 중세 유럽인에게 자유와 평등 의식을 집중적으로 교육시켜 주는 것이 그들의 주된 역할이며, 이 역할이 끝나면 자의 혹은 타의에 의해 역사의 전면에서 사라지는 것이 수순일 것이다. 역할과 추구하는 바는 모두 달랐겠지만, 고대 이집트의 파라오나 페르시아의 다리우스 황제와 같은 신권적 전제 군주, 마케도니아의 알렉산더 대왕과 같은 전제 군주, 로마의 아우구스투스와 이후 황제들이 그러하였다. 이런 수순에 의해 역사 속에서 중세 황제와 교황이 사라지는 시작점은 곧 언급될 십자군 원정이다.

미래를
여는
열쇠
Check It

🔑 카노사 굴욕

교황과 황제의 이원 체제에서 교황 일원 체제로 확실하게 정해짐을 보여
준다.

중국의
중세 통일 제국,
당(唐) 왕조

7세기에서 10세기 사이에는 게르만족이 내려와 전 유럽을 혼란에 빠뜨렸다. 특히 로마 제국에서 이어진 고대의 찬란한 지중해 문화가 단절되는 듯 보였기에 세간에서는 '문화의 암흑 시대'라고도 한다. 이런 서유럽의 격동기에 동방의 중국에서는 문화의 꽃을 활짝 피운 당 제국 시대가 열리고 있었다. 당시 중국인의 자유와 평등은 어떠했는지 살펴보자.

한漢 왕조의 쇠락 이후 열린 삼국 시대위, 촉, 오를 통일한 진晉이 위魏와 함께 남북조남제, 양, 진, 북제, 북주라는 여러 국가로 나누어지면서 고대 중앙집권 체제의 성격은 점차 흐려져 갔다. 이런 추세라면 황제의 개념이 없어진 왕정으로서의 근대 국가 형태도 가능할 듯 보였다. 그러나 수隋 왕조에 의해 천하가 잠시 통일되었다가 재통일 제국인 당唐 왕조가 본격적으로 열리면서 상황은 사뭇 다르게 전개되었다.

당 왕조에서는 다시 단일 황제권이 세워졌으며, 이를 강화하고자 상하 질서가 분명한 유교에 입각한 정치 제도가 활용되었다. 당시 귀족과 평민 사이에 차별을 둔 유품流品 사상은 유교 정치에 의한 형

제2대 황제 태종과 제6대 황제 현종

태라고 볼 수 있다. 한편 당 왕조 때는 후한 시대 때부터 싹터 온 상업 경제를 활성화시켜 전통적인 농업 위주의 경제 사회를 탈피하는 계기를 마련하였다. 그러다 보니 서유럽으로 말하자면 근대적 경향이 강하게 드러나는 중세 후반의 모습들이 당 왕조 내에서 많이 보였다. 당시 수도인 장안이 국제 도시의 면모를 보였던 것은 바로 이런 경제와 사회의 복합적 성격에서 나타난 모습이라고 볼 수 있다.

당 왕조가 번성하게 된 것은 태조에 의한 정관의 치貞觀之治와 현종에 의한 개원의 치開元之治 때문이라 해도 과언이 아닐 것이다. 그러나 이런 황제들의 모습을 살펴보면 이전 진 왕조 시황제나 한 왕조 황제의 위치와는 다른 것을 알 수 있다. 당 왕조 때는 시기적으로 신권

정관의 치와 개원의 치

태조, 정관의 치

✦ 626년 태종, 형제들을 죽이고 이세민이 당 왕조의 2대 천자에 오름

✦ 연호를 정관이라 하다.

✦ 문무의 덕을 고루 갖춘 군주

✦ 간관(諫官)이란 여론의 대변자를 두는 등 내정을 공정히 하다.

✦ 629년 현장이 인도로 여행하면서 불교가 확장되다.

✦ 645년 1차 고구려-당 전쟁

✦ 661~662년 2차 고구려-당 전쟁

✦ 667~668년 3차 고구려-당 전쟁

현종, 개원의 치

✦ 712년 현종 즉위

✦ 연호를 개원이라 하다.

✦ 정치적 조건 측천무후에 의한 대숙청이 황실을 건전케 했다.

✦ 부패한 인습이 사라지다.

✦ 이슬람 세력에 밀린 사산조 페르시아인이 흡수됨, 동서 교역이 커지고 상업국화 및 국제화 되다.

✦ 748년 양귀비와 일족의 등장

✦ 755~763년 안녹산의 난, 당 제국의 정치가 흔들리다.

적 전제 군주로서 황제의 위치를 주장할 수 없을 정도로 중국인들의 의식이 깨어나 있었는데, 그 모두가 동서 간 문화 교류와 관련이 있었다. 먼저 불교가 서역으로부터 본격적으로 들어와 이들의 사고를 자극했으며, 특히 평등 사상을 깨우쳐 주고 있었다. 또한 서역과 경제 교류가 커지면서 형성된 부를 소유한 농업 귀족들이 사회 일선에 포진하면서 마치 서유럽 근대 군주와 같은 형태를 유지하고 있었다. 귀족들의 세력은 시간이 지날수록 커졌다. 당 왕조의 황제는 이런 귀족 세력의 강화를 보면서 자신의 권한이 강화된다고 착각했다가 절도사 출신 안녹산의 반란 사건을 당해 그 생각이 틀렸음을 알게 된다.

결국 동서 간 문화 교류의 영향 때문에 중국 황제의 전제 권력이 약해졌다고 감히 장담할 수 있으며, 동시에 표면적으로는 두드러지게 나타나지 않았으나 중국인의 권한이 강화되고 있었다고 말할 수 있다. 이와 관련된 예를 들어보자

면, 중국 역사상 최초의 농민 전쟁으로 일컬어지는 '황소의 난'이 바로 그것이다. 서유럽에서도 중세 봉건제도 붕괴의 큰 원인이 바로 농민 반란_{와트 타일러 난, 자크리 난, 보헤미아 후스파의 난}이었다. 이것이 농노 해방으로 이어지면서 로마 제정 이후 사라진 듯 보였던 민권이 다시 나타나기 시작했다. 때문에 같은 맥락에서 황소의 난에서도 의미를 찾을 수가 있다.

이렇듯 당 제국은 표면적으로 황제의 권한이 강화된 듯 보이지만 실질적으로는 귀족이나 백성의 권한이 강화되는 시기였다고 볼 수 있다. 그렇기 때문에 당 왕조는 서유럽의 중세 말기와 근대로의 교량적 성격이 보이던 르네상스 시기가 적절히 섞여 있는 모습과 흡사함을 느낄 수 있다.

미래를 여는 열쇠
Check It

🔑 **귀족 세력의 강화**

줄곧 황제권이 강화되던 중국에 황제권을 약화시킬 세력이 형성된 왕조가 있음을 알려 주는 열쇠이다.

이슬람
세계

세계 3대 종교 중 이슬람교가 발생한 아라비아 반도 지역은 고대 이집트와 메소포타미아 문명에 이어 서아시아 문화권의 재再부흥을 보여 준 곳이다. 문명 발달의 환경에 비추어 보면, 이곳은 문명이 전혀 발달될 조건이 아니었다. 이 지역은 열대성 사막으로, 기후와 지형에 있어 열악한 환경이었다. 이런 환경 아래서 그들이 살길은 농경도 목축도 아닌 중계무역밖에 없었고, 이런 삶의 방식은 대상隊商이라는 유랑 생활, 정령숭배에 가까운 다신교를 신봉하는 사회적 환경을 조성하게 했다. 물론 정착 국가나 문화 형성이라는 상황이 전개되기에는 더욱 힘들었다. 이런 이슬람 문화권이 인간의 자유와 평등의 발달에 어떤 영향을 미쳤는지 살펴보자.

아라비아 반도 지역에 무함마드Muhammad, 570~632, 마호메트가 등장하여 유대교 및 기독교와 접목된 이슬람교를 만들었다. 이후 그는 지역 특성에 맞는 민족의 평등을 부르짖고, 자신들이 살길은 '단합' 뿐임을 토로함으로써 삶의 체제를 바꾸어 놓았다. 이때부터 이슬람교를 주축으로 마호메트의 후계자들은 아라비아인에게 유목이나 대상을 통한 방랑 생활을 끝나게 하였다. 또 살기 적합한 지역을 점령하여 그곳을 중심으로 국가를 만들어 이슬람 문화를 발달시켰다. 이렇듯 아라비아인에게 크나큰 삶의 변화를 준 이슬람 문화는 그 지역에만 국한되는 것이 아니라 서아시아 전역과 유럽 사회 전반에까지 영향력을 미치게 되었다.

무어인 병사들

한편 이슬람 문화가 유럽 사회에 영향을 끼친 결정적인 시기는 11세기 말 십자군 원정 때지만, 그 이전에도 여러 면에서 유럽에 자극을 주고 있었다.

먼저 중세 유럽 지배층의 도덕이라 할 수 있는 기사도의 성립에 간접적으로 영향을 주었다. 투르 푸아티에 전투 이후 이베리아 반도에 정착한 이슬람인^{무어인}과 유럽인이 투쟁하는 과정에서 생겨난 그룹이 기사다. 그러나 중세 유럽이 안정기에 들어서자 이슬람인과의 충돌이 수그러들고 그들의 역할도 점점 사라졌다. 이런 상황에 위기

중세 기사들

를 느낀 기사 그룹들은 자신들의 존재를 부각시킬 필요가 있었다. 여기서 명예, 용기, 약속을 철저히 지키고, 부정과 불의를 미워하고 항상 약자 편에 선다는 등의 덕목을 세운 기사도가 만들어졌다.

다른 하나는 당시 유럽에서는 고대 그리스나 로마가 지중해를 거점으로 펼쳤던 해상 무역이 정착형 농업을 주로 하는 중세 유럽의 장원제 때문에 단절된 상황에 있었다. 이런 상황에서 유럽 사회에 해상 무역의 맥을 이어 준 것이 바로 이슬람 세력이었다. 이슬람 세력은 근대 유럽 사회가 상업적 욕구를 갖고 아시아로 진출하는 초석을 놓아 주는 역할을 하였다

마지막으로 신권 사회 속에서 단절되었던 밀레토스 중심의 그리

스 인권철학이 이슬람 문화권 내에서 자체적으로 발전했다. 대표적인 철학이 아리스토텔레스 철학이며, 주요 인물은 이븐 루시드Averroes, 1126~1198, 아베로에스이다. 그는 아리스토텔레스의 모든 저작을 주해하는 데 일생을 바친 이슬람 학자이다. 그로 인해 유럽 사회에 그리스 사상이

이븐 루시드

다시 소개됨으로써 기독교 문화 속에 그리스 사상이 녹아들어 근대 의식에 중요한 동기를 제공하였다.

　이슬람 문화의 가장 큰 의미는 중세 유럽인이 내면적으로 자유와 평등의 중요성을 인식하고자 기독교 문화를 통한 집중적 의식 교육을 받던 차, 우선적으로 배제시켜야만 했던 고대 그리스 및 헬레니즘 문화의 맥들을 단절시키지 않고 보존했다는 점이다. 또 때가 되자 이를 유럽에 역수출하여 유럽 사회에 르네상스가 도래하는 데 중차대한 역할을 하였던 점이다.

미래를
여는
열쇠
Check It

🔑 이슬람 세계의 아리스토텔레스 철학 역수출

그리스의 인권 사상이 기독교 문화에 더해지며 자유와 평등 의식이 유럽 사회에 한층 확산되는 계기를 마련해 주었다.

셀주크 튀르크와 십자군 원정

유럽 기독교 문화에 영향력을 행사한 이슬람 문화는 십자군 원정기 때 결정적으로 유럽에 전파되었다. 이 두 문화가 어떻게 만나고 유럽 사회에 어떤 영향을 미쳤는지 알아보도록 하자.

이슬람 문화권하에 있던 중앙아시아 유목 민족 셀주크 튀르크는 기독교 성지인 예루살렘을 점령하고 성지 순례를 금지하였으며, 비잔틴 제국을 공략하였다. 이는 서유럽인에게 종교적인 박해로 인식되었다. 이런 점에서 보면 십자군 원정은 분명히 종교적 열정이 일으킨 성스러운 원정이라고 단정 지을 수 있다.

동로마의 구원 요청을 받고 교황이 개최한 클레르몽 공의회 이후 최초의 십자군이 결성되자 이들은 종교적인 정열이 충만한 상태로 서울에서 출발하여 필리핀 마닐라에 도착하는 정도의 거리에 있는 예루살렘을 향해 출발하였다. 그들은 우여곡절 끝에 예루살렘을 정복한 다음, 피에 굶주린 야수처럼 이교도 남녀노소를 닥치는 대로 학살하였다. 당시 종군했던 남프랑스의 한 성직자는 이렇게 기록했다.

1095년, 클레르몽 공의회에서 연설하는 우르바누스 2세

그곳에는 감탄할 만한 광경이 전개되었다. 예루살렘의 큰길이
나 광장에는 사람의 머리와 팔다리가 산더미를 이루고 있었다.
병사와 기사들은 시체를 헤치면서 전진했다……. 그처럼 오랫
동안 모독을 자행하던 무리가 더럽힌 이 장소를, 그들의 피로써
물들이시기를 원하시는 신의 심판은 공정하고도 또한 찬양할
만하다.

정말 찬양할 일인가? 이교도 참살에 대한 양심의 가책 따위는 전

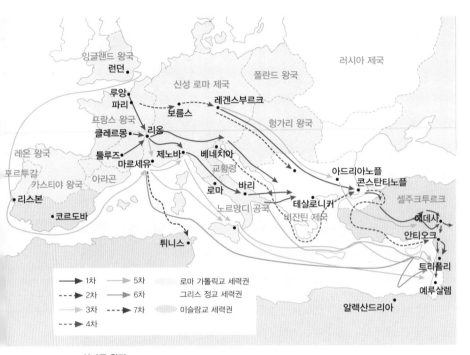

십자군 원정

혀 보이지 않는 당시 모습은 무서우리만치 깊은 종교적 열정의 오류
에 빠져 있는 것이 아닌지?

이면에는 또 다른 모습이 있었다. 예루살렘을 정복하고자 소아시
아 깊숙이 내려간 십자군이 안티오크를 점령하고 잠시 전열을 가다
듬고 있을 때였다. 마라라는 곳에서 포로들이 밤사이 복부가 개복되
어 죽는 사건이 수차례 일어났다. 금은보화를 혹시 삼키지 않았나
하는 십자군 병사들의 호기심 때문에 벌어진 일이었다. 이런 잔혹
행위도 종군한 성직자의 기록에 의해 밝혀졌다. 왜 이런 모습이 등

장하였는가? 십자군 원정이 시작될 즈음 유럽에서는 봉건 국가의 군주라 불릴 정도로 권력이 강해지던 영주들의 지배권이 안정되자, 더 넓은 곳으로 뻗어 나가려는 욕구가 팽배하고 있었다. 더불어 이슬람 문화권이 전해 주는 동방 세계의 소식은 그들의 세속적 욕구를 더욱 자극시키고 있었다.

위의 두 가지 기록을 모두 참고해 봐도 십자군 원정은 처음부터 성스러운 전쟁이 아니란 결론이 나온다. 결국 십자군의 모순된 모습은 바닷길을 따라

십자군 원정

전반기(1~3차)
+ 1096~1192년
+ 종교적 열정
+ 육로
+ 유일하게 예루살렘 점령
+ 총 3차에 걸쳐 진행
+ 제3차 원정은 하단 전투가 원인이었다.

후반기(4~8차)
+ 1202~1270년
+ 세속적 욕구
+ 제4차 원정은 동서 교회의 융합이라는 결과를 낳았다.
+ 제8차 원정은 페스트로 흐지부지되었다.

원정길에 오른 4차부터 본격적으로 드러났다. 제4차 원정 때에는 콘스탄티노플을 공격하여 비잔틴 제국을 쓰러뜨리고 라틴 제국을 건설한다는 십자군 원정의 원뜻과 전혀 다른 방향으로 가게 되었다. 이때부터 십자군은 유럽 팽창이라는 성격을 띠게 되며 경제적 욕구를 드러냈다. 대표적인 예로 1218~1221년 사이에 떠난 제5차 원정 때는 이집트 다미에타를 점령했으나 전리품 분배로 서로 분쟁하다 점령지를 도리어 빼앗긴 경우가 있었다.

이렇듯 세속적인 경제적 욕구를 충족하려던 십자군 원정은 결국 8차를 끝으로 실패로 끝났으며, 기독교란 정신적 뿌리 위에서 유지

되던 중세 사회에도 큰 영향을 미쳤다. 다시 말해서 원정의 실패는 교황권과 황제권에 모두 치명적인 손상을 입혔다. 특히 비록 타격은 받았지만 워낙 탄탄히 뿌리를 내리고 있어 아직 표면적으로 흔들리지는 않았던 교황권에 비해 카노사 굴욕 이후 약해져 있던 황제권은 실질적인 몰락의 모습을 보이기 시작하였다. 동시에 중세 정체政體인 봉건제도의 붕괴까지 엿보였다. 이런 정도라면 중세 사회의 인간의 자유와 평등 의식에도 분명히 변화의 조짐이 보이게 될 것이 아닌가 싶다.

🔑 십자군 원정의 실패

중세 황제권 몰락의 단초이자 교황권이 흔들리게 된 주요 열쇠이다.

황제권의
몰락과
백년전쟁

십자군 원정으로 변화를 겪은 서유럽은 중세 봉건제도의 하부 구조인 장원에 가장 큰 영향을 주게 되었다. 첫 조짐은 십자군 원정을 통해 이루어진 동서 간의 상거래가 장원 영지 내에까지 확산되어 시장이 생기고, 궁극적으로 상거래 하는 사람들이 자치령을 형성한 자유 도시가 성립된 것이다.

자유 도시는 중세 영주들의 간섭 없이 도시 내 상인이나 수공업자들끼리 대표를 뽑아 자치적으로 통치해 나갔는데, 고대 그리스 이후 잃어버리고 있던 자유와 평등 의식이 살아 있는 공화정폴리스이 다시 부활한 것과 같다. 특히 자유 도시에서는 누구나 1년 이상 체류하면 자유의 몸이 될 수 있었는데, 당시 장원에 묶여 있던 사람들의 유일한 통로가 되었다. 장원의 봉쇄성이 무너지기 시작한 것이다. 특히 십자군 원정 이후 유럽 내에서도 물물 교류가 이루어지고 화폐가 많이 유통되다 보니 농민들도 이런 경제적 방식을 영주와의 여러 거래에 활용하게 되었다. 이는 소극적이지만 농민의 지위가 향상되고 있음을 보여 준다.

중세 정치의 몰락

+ **지대 변화** 노동에서 화폐로 → 농민의 지위 향상

+ **도시 발달** 봉건 도시에서 자유 도시로, 자치권 투쟁(롬바르디아 동맹, 한자 동맹) → 장원의 봉쇄성이 무너짐

+ **장원제 붕괴** 페스트 발생(1346년 크림 반도, 1347년 이탈리아, 1350년 북유럽)

+ **기사 계급 몰락** 레헨제 붕괴

+ **농민 반란** 자크리(1358), 타일러(1381), 후스(1412)

+ **농노 해방** 프랑스 서부(11세기), 이탈리아(13세기), 유럽 대부분(15세기)

십자군 원정으로 유럽에 상륙한 페스트가 확산되면서 많은 유럽인을 사망하게 만들었다. 전염률이 높은 이 병은 발생 지역을 떠나는 무리들을 속출시켜 본격적으로 장원제 붕괴를 가져왔다. 농업 구조로 체제화된 장원제는 농업의 특성인 정착성과 많은 노동력을 요구하는데, 이런 정착성과 노동력이 페스트로 붕괴되었기 때문이다.

마지막으로 장원의 통치자인 지방 영주들은 십자군 원정에 기사로 출전했다가 동방에서 발달한 화포에 의해 많이 희생되었고, 장기간 원정길에 있다 보니 국내 영지 관리가 소홀해져서 파산하는 경우도 많았다. 지방 영주 중 영지와 농노를 모두 잃은 경우는 일부 대제후^{근대 군주}들의 관료가 되었고, 약간의 토지라도 남아 있는 경우에는 지배자가 아닌 지주로 다시 전락하였다. 장원의 붕괴는 농민 반란과 접목되면서 사회적으로 인간의 자유와 평등이 확실하게 드러나는 농노 해방이라는 모습으로 결론을 맺게 되었다.

장원제가 붕괴되자 연쇄적으로 레헨제도 흔들렸다. 즉 봉건제도의 상부 구조인 레헨제는 황제의 권위를 지탱해 주는 실질적 구조였

백년전쟁

지만, 지방 영주들의 소멸로 이 구조가 흔들리게 된 것이다. 물론 영
주권이 강화되었던 중세의 전성기에도 실질적으로 황제권은 약화되
어 있었지만 이제는 황제의 가시적 몰락까지 나타났다.

황제라는 구심점이 약해지자 근대 군주의 모습을 가진 일부 대귀족들은 중앙집권적 통치권을 강화하였고, 동시에 독립 국가의 개념이 부각되면서 서로의 이권을 위한 각축이 생겨났다. 대표적인 것이 영국과 프랑스 간에 벌어진 영토를 둘러싼 백년전쟁이다.

황제가 구심점으로 있던 중세 유럽에서 프랑스나 영국은 봉건 제후의 일부에 불과하였기에 영토를 구별할 필요가 없었다. 하지만 황제권이 약화되고 근대 군주권의 개념이 커지자 서로의 영토 범위를 확고히 하려는 것은 자연스런 현상이 되었다. 영토를 둘러싼 이런 분쟁의 결과로 프랑스와 영국은 현재의 영토와 비슷한 모습으로 정립되었으며, 부차적으로 양국의 종친 귀족들이나 권세가들이 거의 사라지면서 중앙집권화가 촉진되었다. 백년전쟁이 발발했음에도 교황권은 유럽 내에서 아직까지 강하게 유지되었기에 국민의 자유와 평등이 보장되는 독립 국가 형성은 시기적으로 일러 보였다.

백년전쟁의 전개

+원인
- **왕실 혈통 문제** 살릭 법(Salic Loi)으로 실패
- **경제적 문제** 플랑드르 지방에서 양모와 직조술 발달

+전기
- 필립 6세, 아키텐령 점령(1337)
- 슬루이스 해전(1339)
- 노르망디 진격(1346)
- 흑태자 활약(1356)
- 휴전(1360): 브레티니-칼레 조약 체결
  1. 프랑스-성 중심
  2. 농민 개입

+후기
- 혁명에 불만을 지닌 민심 수습
- 오를레앙, 부르군드 분열
- 샤를 왕세자의 통치력 미약
- 헨리 5세의 재차 침입(1415)
- 잔 다르크 출현(1429)
- 전쟁 종결(1453)

미래를
여는
열쇠

Check It

🔑 백년전쟁

중세 황제권 몰락을 가시적으로 보여 준다.

중국의 새 기운을 담은 나라, 송(宋) 왕조

서유럽이 교황권의 득세로 기독교 문화의 절정기에 접어들던 10세기경, 중국은 통일 제국의 변화를 겪고 있었다. 후주後周의 절도사 출신인 조광윤趙匡胤이 당에 이어 송 왕조를 세웠다.

송 왕조 때는 농업과 상업 부분에서 현저한 변혁이 보이던 시기였다. 북송의 인구는 9천만 명에 이르렀는데, 이 거대한 인구를 먹이려면 '혁신'이 일어나지 않으면 안 되었다. 당나라 시대부터 크게 발전한 괭이 등의 농기구, 남쪽의 베트남에서 전해진 점성도, 쌀과 보리의 이모작 확대 등 농업 기술 부분이 혁신에 한몫을 했다. 또 지역에 따라 차, 과수, 양잠 등의 생산이 활발하게 진행되는 농업의 분업화가 혁신에 다른 몫을 했다. 특히 화북은 소비지였고, 강남은 생산지였다. 때문에 농업 분업화로 증산된 강남의 물자를 화북에 파는 상업이 발전하고, 이 물자를 운반하기 위해 수운水運도 빠르게 발달하였다. 결국 농업 부분에서 시작된 혁신은 상인 길드가 탄생하고 상업 형식이 정비되는 또 다른 혁신으로 확대되었다.

상업 부분과 연결되면서 새로운 계층이 탄생했다. 송 왕조 때는

당의 멸망에 직접적인 영향을 준 절
도사 무인의 발호를 막고자 문치주
의가 발달하였다. 그 결과 유교에 통
달한 사대부유교 학자 출신가 군신유의君臣
有義에 입각하여 황제를 떠받들고 동
시에 수족 역할을 했다. 그러나 송 왕
조가 여진족의 금나라에게 밀려 양쯔
강 유역으로 옮기자, 강남 지역의 비
옥한 토지를 직접 일구면서 사대부층

신법을 제시한 왕안석

이 새로운 지주층으로 성장하였다. 이렇게 경제에 눈을 뜬 사대부가
양잠, 차, 종이, 도자기 등을 독점으로 유통하는 지방 상인들의 편의
를 봐 주는 정경유착도 나타났다. 여기서 부정과 뇌물이 판치는 관
료 사회, 여러 종류의 상인들이 기준 없이 만드는 물가에 따른 혼란,
사치 문화의 만연 등 사회 모순이 생겼다. 때문에 농민과 노동자 같
은 민중은 가난에서 벗어나는 것이 사실상 불가능해 보였다.

　이런 점을 제대로 파악한 사람이 왕안석王安石이며, 그의 주장은 신
법新法으로 제시되었다. 왕안석은 신법을 통해 사회 모순이 악순환하
는 고리를 끊고자, 물가를 안정시키고 부역을 화폐로 대신하여 민중
의 지위를 향상시키는 획기적 경제 정책을 시도하였다. 왕안석의 신
법은 분명 인간의 자유와 평등 의식이 담겨 있는 것으로, 송 왕조가
천대千代의 복을 누릴 수 있는 확실한 방법임에 분명하였다. 하지만

성리학을 주창한 주희

사대부들의 방해로 신법은 실패하였다. 민중의 지위 향상 시도도 신법 실패와 함께 수포로 돌아갔다.

하지만 민권 강화 조짐은 의외의 상황에서 생겨났다. 남송 시대 때 지식층인 사대부는 부를 얻으면서 생활에 여유가 생겼다. 하지만 갑작스러운 상업의 부흥으로 정신적으로 공허함을 느끼고, 현실적으로 사회 전반이 복잡해지고 혼란스러워지자 책임 의식과 위기의식을 갖게 되었다. 이런 의식과 함께 이미 사회에 퍼져 있는 불교와 도교의 영향하에 사상적으로 성숙해 있었던 유학자사대부들은 기존의 유교적 학문을 토대로 유, 불, 도 3교三敎 교섭의 결과물인 사상을 정립하게 되었다. 사물이나 대상의 내면을 분석하여 근원아르케을 찾으려는 성리학性理學이 그것이다.성리학의 어원은 주희가 주창한 성즉리(性卽理)를 축약한 명칭이다 성리학은 서유럽에서 기원전 6세기경 고대 그리스 학자들이 자연에서 근원을 찾기 시작한 것과 유사하다.

한편 서유럽에서는 자연의 근원을 찾던 중 소크라테스, 플라톤, 아리스토텔레스가 영혼 문제를 통한 인간성을 그려 냈다. 이런 인간성 문제는 송 왕조 때 저술된 여러 작품에서도 보인다. 사마광의 '본보기로서의 역사'라는 뜻을 가진 《자치통감資治通鑑》에서 인간성 문제가 구체화되어 나타난다. 《자치통감》에서는 '인위적으로 일어나는 역사 현상은 일정한 연속성을 지니며, 과거의 사실은 본보기로서 현재에 접목된다'라는 보편적 인간성을 전제로 한 역사 인식이 보였다. 구양수의 《5대사기五代史記》에는 '천天으로서 인人을 참參하면 인사人事가 어지러워진다'라는 구절이 있는데, 이는 '인간의 삶이 하늘의 뜻이라 한다면 이는 인간의 본래 의미가 흔들리는 것이다'라는 것으로 인간성을 강조한 대표적인 것이다.

송 왕조의 흐름

✦ 960년 후주 절도사 조광윤이 송 건국
✦ 979년 중국 통일, 화약 나침반 발명
✦ 1126년 금이 북송을 멸망시키다.
✦ 1162년 송의 고종이 난징에서 남송을 일으키다.
✦ 1279년 몽골 쿠빌라이가 송을 멸망시키다.

인간성을 강조한 이 작품들은 15세기 인간성의 재발견으로 표현되던 르네상스의 작품들과 비슷해 보이는데, 시간적으로는 송 왕조 때 작품이 길게는 500년, 짧게는 200년 앞섰다. 그러나 불행히도 사대부는 자신들이 발견한 인간성을 발전시키려는 의식보다 권력 유지에 더 집중했다. 이 때문에 송 왕조 이후에도 오랜 기간 중국에서는 유럽처럼 자유와 평등이 체계화되어 나타나지 못하였다.

미래를 여는 열쇠 Check It

🔑 성리학

동아시아에서도 자유, 평등 사상이 태동했음을 보여 준다.

두 번째
동서 문화 교류
육로

십자군 원정의 또 하나의 특징은 동방에 대한 서유럽의 관심이 무척 높았다는 것이다. 그러나 이 시기에는 교통 불편이나 지리적 제약, 다민족 문화권 같은 환경 요인으로 본격적인 문화 교류가 불가능하였다. 13세기에 접어들자, 십자군 원정도 막을 내리고 셀주크 튀르크가 멸망함으로써 동서 간의 관심도가 다시 주춤해지려 하였다.

칭기즈 칸

이때 몽골 지역에서 기마 민족을 융합한 칭기즈 칸과 그의 후예들에 의해 동서에 걸친 대제국이 건설되었다. 이 제국을 통해 양 지역을 연결하는 육로가 200여 년간 열리면서 여러 문화와 민족의 교류가 수월해졌고, 동서 간 문화 교류가 본격화되었다.

몽골 제국은 다섯 지역으로 나

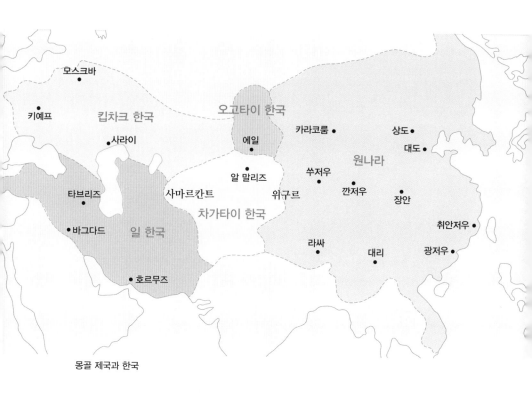

몽골 제국과 한국

누어져 발전했다. 중원으로 들어가 기존의 중국 문화를 흡수하여
'원'이라는 제국이 만들어졌고, 몽골의 색채를 그대로 간직한 오고
타이 한칸국과 중앙아시아의 문화권을 장악한 차가타이 한국에 의해
동서 문화의 교량이 만들어졌다. 그리고 옛 서아시아 지역에서 팽창
된 이슬람 문화권을 옹호하고 발전시킨 일 한국과 기독교 문화권인
남러시아, 헝가리까지 세력을 확대한 킵차크 한국에 의해 대제국의
면모를 과시하게 되었다.

당시 유럽 사회가 획일적인 기독교 문화 속에서 정신적 발전에만

육로(스텝로)를 통한 동서 문화의 교류

머물고 있는 동안, 중국 사회는 당, 송을 거치며 인도에서 받아들인 불교문화를 현실적으로 꽃피우고 있었다. 특히 송 왕조 때는 목판 인쇄술, 나침반, 화약이 발명되었는데, 당시 서유럽으로서는 상상도 못하는 일이었다. 이 3대 발명품은 몽골 제국이 열어 놓은 육로를 타고 서유럽으로 전달되었다.

송 왕조의 3대 발명품은 서유럽에 '근대'라는 역사의 장幕을 여는 데 절대적으로 활용되었다. 과거 한 왕조의 채륜이 발명한 종이와 송 왕조에 의해 전달된 인쇄술이 없었다면 어땠을까? 유럽인에게 성경이 보급되지 못해 유럽인의 의식이 깨어나지 않았을 것이고, 종교개혁도 불가능했을 것이다. 나침반이 없었다면 유럽인의 지리상 발견은 사실상 불가능했을 것이다. 화약이 전달되지 않았다면 중세의 주축 세력인 영주 기사들과 그들이 소유한 장원의 형태도 그대로 유지되어 중세의 장露을 접기란 그리 쉽지 않았을 것이다.

결국 불교문화권인 중국으로부터 전해진 발명품들은 서유럽에 적절하게 융합되고 활용되면서 진정한 동서 간 문화 교류를 나타냈다. 서쪽에서 동쪽으로 문화가 흘러간 고대의 사상로思想路와 달리 중세에는 몽골 제국이 터놓은 육로陸路를 활용하여 동쪽에서 서쪽으로 문화가 전달되었다.

몽골 제국 5대 한국의 형성

✚ **원** 중국 지역
✚ **킵차크** 러시아, 헝가리 등 동유럽
✚ **일** 이란, 이라크 등 서아시아 지역
✚ **차가타이** 중앙아시아 지역
✚ **오고타이** 몽골 본토

몽골 제국 형성 이후의 흐름

✚ **오고타이 한국** 차가타이 한국에게 병합됨(1304)
✚ **차가타이 한국** 동서로 분리(1321)
✚ **티무르 제국** 몽골 제국의 부흥(14~15세기)

미래를 여는 열쇠
Check It

🔑 **몽골 제국**

육로를 통한 동서양 문화 교류로 공동체 속에서도 개인의 자유와 평등을 추구하려는 것이야말로 전 인류의 공통 숙제임을 알게 해 준다.

교황권
붕괴의
3단계

중세 유럽에서 교황의 권위는 시간이 지날수록 더욱 강해졌다. 십자군 원정 후 장원제가 무너지면서 황제권이 몰락 상태에 놓이자 표면적으로는 교황권이 절정에 달한 듯 보였다.

그러나 십자군 원정의 결과 동방 세계가 서유럽에 본격적으로 소개되었고, 중세 유럽 문화권을 독점하다시피 한 교황과 가톨릭 교권의 문제점들이 드러나기 시작했다. 이즈음 중세 유럽인의 의식도 변화하기 시작했다. 이는 궁극에 가서 교황권의 붕괴로 이어졌다. 이제 공동체 안에서의 인간의 자유와 평등권 형성에 새로운 도약의 모습이 나타날 때가 된 것이다.

한편 교황의 권위는 중세의 운명과 함께할 정도로 그 뿌리가 깊게 내려져 있었다. 때문에 붕괴되기까지는 많은 시간과 노력의 과정이 있어야 했다. 사실 교황권의 붕괴는 구체적으로 15세기 르네상스 시기부터 17세기 종교개혁을 달성할 때까지 3세기에 걸쳐 단계적으로 진행되었다.

르네상스 운동은 신의 절대성으로부터 탈피하여 인간의 가치를

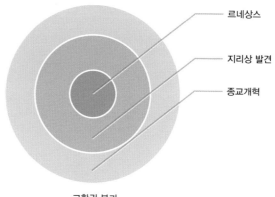

르네상스

지리상 발견

종교개혁

교황권 붕괴

되찾으려는 의식적 움직임이지만, 당시 교황권이 워낙 강했기에 소극적으로 그런 의식적 움직임을 행사했을 뿐이다. 그럼에도 르네상스 운동은 분명히 인간의 의식에 큰 변화를 가져왔고, 이런 의식적 변화를 실질적으로 점검해 보려는 움직임이 지리상 발견으로 이어졌다. 지리상 발견 시기에는 용기 있는 소수의 사람들이 신의 섭리로 운용되는 자연환경에 도전하였다. 특히 바다를 항해하여 신대륙을 발견하는 과정은 인간에게도 능력이 있음을 스스로 깨닫게 해 주었고, 교황과 교권에 의지하던 중세 유럽인의 보편적인 모습에서 탈피할 수 있는 계기도 마련해 주었다.

이렇듯 르네상스로부터 인간 본연의 가치를 깨달을 수 있는 의식이 깨어나고 지리상 발견으로 그 의식에 대한 확신이 서자, 드디어 중세 교권에 반기를 들었다. 이것이 종교개혁이다. 종교개혁은 중세 기독교 문화권의 주체가 교황과 교권이라는 특정 세력에 있던 것을 모든 인간이 자유 평등하게 주체자가 되게 하자는 순수 종교적 움직임과 이로 파생된 사회 개혁까지를 말한다.

　루터와 칼뱅이 주도한 종교개혁 운동은 개신교를 성립시켰고, 교황과의 정신적 단절을 가능하게 하였다. 또 종교개혁의 영향으로 교권에 반기를 든 제후나 상인들이 현실 사회를 간섭하는 교황권과의 단절을 가능하게 하였다. 이로써 중세의 정신과 현실 사회에서 유리_{遊離}된 교황권은 붕괴로 치닫게 되었다.

르네상스
인간성
재발견

고대 그리스나 로마 초기에 공동체 안에서 개개인이 자유와 평등을 누릴 수 있는 모델인 공화정이 나타났다. 그러나 이를 삶에 적용해야 할 인간은 스스로 자유와 평등의 가치를 인식하지 못해 공화정은 한낱 그림의 떡에 불과하였다. 이후 중세라는 역사의 장후에 접어들면서 기독교 문화를 통해 자유와 평등이 얼마나 중요한지 인간이 의식 속에서 느끼는 계기가 마련되었다. 이런 변화된 의식이 실질적으로 공동체 안에서 자유와 평등을 누릴 수 있는 새로운 움직임으로 자리 잡게 되었는데, 이를 르네상스라 한다.

르네상스는 자유, 평등에 대해 중세 때 형성된 의식과 고대에 만들어진 공화정이 접목되는 데 가교架橋 역할을 하였다. 먼저 신 중심 문화 때문에 단절되었던 인간 중심의 고대 고전 문화를 부흥, 발전시켰고, 다음으로는 신

이탈리아 르네상스 발생 원인

+ **정치** 롬바르디아 동맹, 십자군 원정으로 시민의 자유가 확대.
+ **경제** 13세기에 농노가 해방되고, 장원제가 빠르게 해체됐다. 자영농과 화폐가 발달하였다.
+ **문화** 동로마 학자들이 흡수되었고, 문헌, 유적들이 풍부하다.
+ **지리** 지중해 중심으로 이루어졌다.

바티칸 시스티나 성당 벽화는 르네상스가 기독교문화의 연장선상에서 진행됐음을 보여 준다.

의 절대성에서 자유로워지고자 고대 그리스의 밀레토스 학자들이 추구했던 자연을 재발견하는 것에 전력투구했다.

그러나 이런 움직임들을 추구하던 15세기 유럽인은 이미 기독교를 통해 신의 존재 여부를 깊이 파악하고 있었기에 신을 모르던 과거로의 완전 복귀는 불가능하였다. 여기서 신과의 단절보다는 신으로부터 받은 능력으로 자유롭고 창의적인 행동을 할 수 있는 인간성의 재발견에 주력했다. 이런 재발견 속에서 휴머니즘적이며 합리적인 신문화가 이탈리아를 중심

유럽 제국의 르네상스

✚ **프랑스** 중세의 속박에서 벗어나 이성적인 곳으로 전개
✚ **에스파냐** 지리상 발견으로 부를 축적한 귀족 중심으로 전개
✚ **독일** 봉건적 제한. 성서 연구와 그리스도교 순화 방향으로 전개
✚ **네덜란드** 상공업 발달로 부흥
✚ **영국** 16세기 후반 국민문예의 황금시대를 이룸

으로 발달하여 중세적 생활 방식과 다른 새로운 모습들로 소극적으로나마 서유럽 전역에서 나타났다.

여기서 다시 상기해 볼 점이 있다. 르네상스 시기의 '인간성 재발견'이란 신과의 결별이 아닌, 인간을 제대로 알고 신과 새로운 관계를 정립함을 의미한다. 즉 르네상스 시기는 중세 기독교 문화의 파괴와 단절 속에서 시작된 것이 아니라 그 문화의 연장선상에서 진행된 것이다.

미래를 여는 열쇠
Check It

🔑 **르네상스**

중세가 강조하던 신앙 공동체 안에서 사라졌던 개인의 자유와 평등 의식을 되살아나게 했다.

지리상
발견
자본주의 태동

15세기경에는 의식의 변화인 르네상스에 버금가는 현실적인 변화도 생겨났다. 인류가 정착하고 집단화하며 사는 데 결정적 매체가 된 농업혁명은 토지의 중요성을 강조하였으나, 이제 토지를 통한 삶의 방식을 벗어날 '무엇'이 나타나 인간의 자유와 평등 의식과도 관계하게 되었다.

십자군의 출발지로 활용된 덕분에 발달한 이탈리아 반도 내 여러 도시들은 동방의 화폐인 은을 독일에서 사서 동방 지역들에 지불하고 향료나 특산물을 사 와서 유럽에 다시 파는 중개무역을 통해 많은 이윤을 남겼다. 이러한 과정을 거치다 보니 유럽 내에서는 동방 특산물들의 가격이 턱없이 비싸서 일부 특권층에서나 이용할 수 있었고, 대다수 유럽인들은 소유하고픈 욕망만 가득 안게 되었다. 이 때문에 많은 유럽 상인이 이탈리아를 통하는 중개무역이 아닌 직접 거래의 길을 모색하였다. 그 과정에서 지리상 발견이 이루어졌다.

지리상 발견 후에도 그들의 욕망을 채우는 데에는 또 하나의 문제가 있었다. 유럽 내에서 동방 지역의 화폐인 은의 생산이 한정되어

신생 스페인 공동 왕국을 출범시킨 페르난도 2세와 이사벨 1세

있어 직접 무역이라지만 중개무역 때와 가격이 별반 차이가 없었던
것이다. 다행히 이베리아 반도 내의 신생국 스페인에서는 이 문제가
해결되었다. 스페인은 신대륙으로 세력을 펼쳐 나가는 가운데 남아
메리카 식민지에서 엄청난 은광을 발견하였고, 정부 차원에서 국민
들을 이곳으로 이주시켜 은을 무작위로 캐내 본국으로 수송했다. 이
렇게 수송된 식민지산 은들은 바닷길을 통해 동방으로 옮겨져 그곳
특산물들과 바뀌졌다. 그 결과 유럽인은 향료를 비롯한 동방 특산물
들을 쉽게 이용할 수 있었으며, 동시에 스페인은 엄청난 재력을 보
유한 국가가 되었다.

　그러나 스페인은 쌓인 재력을 소모할 곳이 없다 보니 도리어 자국

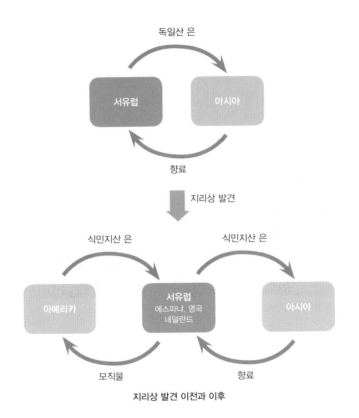

지리상 발견 이전과 이후

내 화폐가치가 떨어졌고, '가격혁명'이라 불린 역사상 최초의 화폐 인플레이션이 발생했다. 신성 로마 제국 황제 카를 5세의 아들인 펠리페 2세가 1556년에 스페인 왕위에 오른 뒤 경제 사정은 더욱 악화되었고, 1588년 무적함대가 영국함대에 패하고 난 얼마 뒤 왕실은 파산하였다. 결국 스페인은 이류 국가로 전락하였다.

한편 노다지를 캐려고 아메리카로 이주한 스페인 국민들을 포함한 여타 유럽인들도 의복만은 유럽에서 가져오고 있었다. 당시 의복은 주로 영국의 양모와 플랑드르 지방의 직조술이 어우러져 만들어 낸 모직물로 생산했는데, 이러한 상황 아래서 영국의 모직물이 아메리카 식민지인들에게 공급되었고, 그곳에서 식민지산 은을 대가로 받아오는 새로운 무역 구조가 만들어졌다. 특히 영국은 모직물을 아메리카에 팔고 사들인 은으로 동방 지역에 가서 물건을 사고, 다시 이를 유럽에 되팔아 재력을 축적했다. 그리고 그 재력으로 모직물을 더 많이 만들어 아메리카에 파는 정상적인 경제 흐름^{유통 구조}을 만들었다. 이 또한 인간이 역사상 처음 겪는 경제적 상황으로, '상업혁명'이라고 한다. 이는 앞으로 자본을 통해 부국을 이룩해 내는 영국 제국의 기초가 되었다.

지리상 발견 시기에는 이렇게 중세 가톨릭 교의^{敎義}가 급속히 약화되었다는 점, 무역 구조의 변화로 근대 자본주의가 태동된 점 등을 역사적으로 이해할 수 있다. 이 시기는 아직까지 자유와 평등을 통한 인간성 회복에 더 초점이 맞추어져 있지만, 화폐를 통한 자본주의도 조만간 역사 속에 중요한 자리를 차지하리라는 조짐이 엿보인다.

미래를 여는 열쇠
Check It

🔑 **지리상 발견**

개인의 자유와 평등 의식이 생각의 범위를 넘어 현실적 범위에 이르게 한 동시에 무역 구조의 변화로 근대 자본주의를 태동한 열쇠이다.

종교개혁의
두 길

교황권에 대한 유럽인의 불만의 표현은 15세기 초 르네상스로부터 시작되었다. 그로부터 2세기가 지나갈 즈음인 16세기 말, 드디어 교황권에 정면 도전했다. 특히 1517년에 면죄부 판매의 부당성을 표현한 루터의 〈95개조 반박문〉이 비텐베르크 성 교회 정문에 나붙자 2주 만에 독일 전역으로, 한 달여 만에 유럽으로 그 내용이 퍼져 나가 당시 교황권에 대한 유럽인의 불만이 얼마나 팽배해졌는지 단면적으로 보여 주었다.

　루터 개혁의 참뜻은 하나님과 인간 사이에 바른 관계를 회복하고 천국에 가는 것은 하나님의 구원 의지와 그리스도 보혈의 은혜로 받은 믿음을 통해 가능하다는 것에 있었다. 때문에 중세 교황이나 가톨릭 교권이 부르짖는 여러 형식적인 절차나 내용들에 의한 것이 아니란 점을 강조하였다. 루터의 이런 표현은 중세 교황의 권위에 대한 정면 도전이었고, 당시 가톨릭 문화권 내에서는 대단한 용기를 필요로 한 일이었다. 그러나 사회적 분위기로 봐서는 누군가가 앞장서서 교황권에 대항해 주기를 기다리고 있었다. 이에 루터의 종교개

혁은 시작과 함께 기대 이상으로
잘 풀려 나갈 수 있었다.

마르틴 루터

종교적 차원에서 교황권에 대
한 루터의 도전은 독일 내 여러
제후에게도 큰 영향을 주었다. 당
시 중세 황제의 권위는 사실상 거
의 몰락해 있었지만, 그런 황제 뒤
에 교황이 버티고 있어 황제 대신
새로운 권력을 세우려는 독일 제
후들의 움직임은 방해를 받고 있었다. 특히 제후들은 교황의 정치적
인 힘이 아직 건재한 것도 문제지만, 교황이 갖고 있는 광범위한 토
지들이 그들에게 넘어오지 않는다면 자신들의 권한을 강화하기에
많은 문제가 따른다는 것을 알고 있었다. 이런 상황에서 루터가 교
황권을 합법적으로 약화만 시켜 준다면 그들의 방해 요소가 사라지
는 것이었다. 결국 루터와 손을 잡은 제후들은 아우크스부르크 종교
화의宗敎和議를 통해 신앙의 자유를 얻게 되었고, 동시에 교황권으로부
터 독립되었다. 루터의 신교는 독일 북부 지방, 덴마크, 스웨덴, 노르
웨이 등으로 퍼져 나갔다.

그러나 황제권의 완전한 몰락을 인정하지 않으려는 신성 로마 제
국 혈통의 합스부르크 가는 반동 종교개혁을 통해 가톨릭의 권위를
되찾으려는 교황과 은밀히 교류하면서 루터파 제후들을 제거할 기

종교개혁

루터

✚ **순수 종교적 측면**

신앙 제일주의

"신의 의는 신앙에 의해서만 얻을 수 있다."

✚ **사회 개혁적 측면**

독일 내 제후, 기사, 농민에 영향을 끼쳤다.

→ 슈말칼덴 전쟁

→ 아우크스부르크 종교화의

칼뱅

✚ **순수 종교적 측면**

성서 영감설

사유재산과 상업 옹호

✚ **사회 개혁적 측면**

서유럽 중산층 내 확산

→ 프랑스(위그노), 네덜란드(고이센), 잉글랜드(청교도), 스코틀랜드(장로교), 독립파(회중파) 등에 영향

회만 노리고 있었다. 그 기회는 독일을 전쟁터로 삼아 일어난 30년 전쟁에서 현실로 나타났다.

한편 유럽인은 하나님과의 교류가 교황이나 가톨릭 사제들을 통해서만 가능하다고 생각하였는데, 루터에 의해 믿음을 통한 방법을 깨닫게 되자 과감히 로마 가톨릭 방식을 따르지 않게 되었다. 그러나 그동안 사제를 통해 하나님의 뜻을 전해 듣던 유럽인은 막상 보이지 않는 믿음을 통해 하나님과 교류한다는 것이 생각만큼 쉽지 않다는 것을 깨닫게 되었다. 결국 루터의 신교를 선택한 유럽인은 방황하게 되었다.

이때 북프랑스 피카르디 주 노아용 태생인 칼뱅은 하나님과의 교류를 위해서는 먼저 하나님을 바로 알아야 한다는 점을 강조하며 개혁의 전면에 나섰다. 칼뱅은 이렇게 말했다.

인간 생활의 최대 목적은 무엇인가. 그것은 인간을 창조하신 신을 아는 것, 그 신을 찬미하며, 영원히 그 신을 향수하는 일이다.

그러면 인간은 어떻게 그를 알고 교류할 것인가? 칼뱅은 성경을 구체적인 방법으로 제시하였다. 성경은 하나님의 영감靈感을 입은 사람들이 쓴 것이기 때문에 그 자체가 하나님의 말씀이라는 점을 강조했다. 그러면서 기독교인 각자가 성령을 통해서 성경에 쓰인 말씀을 '일점일획도 더하거나 뺌' 없이 충실히 그대

칼뱅

로 준행할 때 하나님과 교류하고 그를 바로 알게 된다고 하였다.

한편 지리상 발견 이후 영국이나 네덜란드, 프랑스 등에서 성장한 신흥 상공업 계층은 자신들의 세력을 확대하려면 토지를 중심으로 하는 기존의 영주나 종교 제후들에 대항할 수 있는 정신적인 기준이 필요함을 깨달았다. 이때 칼뱅의 사회경제개혁 관련 이론들이 큰 도움이 되었다. 칼뱅은 일부 재세례파가 재산의 공유를 주장한 데 대해, 사유재산제는 인간이 타락한 후 하나님이 정해 준 제도라고 주장했다. 또 하나님이 정한 천부적 직업 중 상공업도 있다고 보았다. 그는 상인들의 매매 활동이 건전한 사회생활에 있어 귀중한 역할을 하고 있다고 호의적 입장을 표했다.

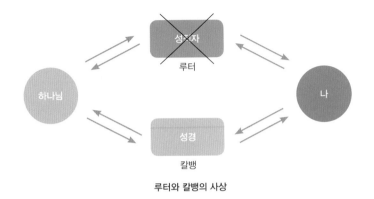

루터와 칼뱅의 사상

    당시 지리상 발견을 통해 부를 축적하기 시작한 신흥 상공업 계층에게 칼뱅의 이론은 무척 반가운 소식이었다. 가톨릭⁽구교⁾을 신봉하는 기존 영주나 제후와 대항하려면 칼뱅의 신교를 수용하는 것이 합리적이라는 판단에 이르자, 칼뱅이 주장하는 신교를 전폭적으로 받아들이게 되었다. 이때부터 유럽 내에 칼뱅의 신교가 급속히 퍼지기 시작하였다. 영국에서는 장로교, 청교도, 성공회, 프랑스에서는 위그노, 네덜란드에서는 고이센이 이에 속한다.

    특히 루터파는 신앙에 대한 정부의 여하한 압박에도 기독교인은 무력적인 반항을 해서는 안 된다고 했지만, 칼뱅은 오랜 인내와 항의를 거친 뒤라면 민중의 대표에 의해 반항해도 좋다고 했다. 이런 정치적 의식과 접목된 부를 소유한 칼뱅파 상공업자 사이에서 전제 군주나 타 권력 계층으로부터 자신의 자유와 평등권을 되찾을 수 있다는 의식이 더욱 커져 갔다.

이 외에 칼뱅파가 서유럽으로 넓게 확산된 주요 원인으로는 심정적인 루터 신학에 비해 논리적이며 체계적이었다는 것과 교회 조직이 신자의 대표인 장로회에 의해 운영되었기에 자치적이고 민주적이었다는 점을 들 수 있다.

종교개혁은 종교적인 순수한 목적으로 시작되었으나 새로운 시대를 원하는 당시 사람들의 바람과 함께 사회개혁으로까지 발전하였으며, 그 여파로 근대라는 새로운 장이 열리기 시작했다.

미래를
여는
열쇠
Check It

🔑 루터와 칼뱅

전제 군주나 타 권력 계층으로부터 개인의 자유와 평등권을 되찾을 수 있다는 의식을 르네상스 때보다 더 확고하게 했다.

중세의 끝
교황권의
몰락

아우크스부르크 종교화의 이후 불만을 갖고 있던 합스부르크 가의 황제와 루터파 제후들 사이에 다시 충돌이 생겼고, 이로써 30년 전쟁이 시작되었다. 이 전쟁은 그동안 황제 중심의 구교와 신교로 나눠졌던 유럽의 여러 국가가 그들의 현 위치를 확인하는 종교개혁의 결산이었다. 30년 전쟁은 구체적으로 3기의 전쟁으로 나누어진다.

제1기 전쟁은 요하네스 후스의 종교개혁이 있었던 신교 지역인 보헤미아에서 시작되었다. 1617년에 합스부르크 가 황제의 조카이며 다음 황제로 지목되던 페르디난트가 보헤미아 왕위 계승자로 뽑힌 것이 문제가 되었다. 왕실 문제는 보헤미아 신교인들에게 민감한 반응을 일으켰고, 급기야 신교도 대표들이 프라하 궁전에 있던 황제의 고문관 두 명을 20미터 창밖으로 내던진 사건이 발생하였다. 고문관들은 기적적으로 살아났지만, 이 사건이 30년 전쟁 제1기의 도화선이 되었고, 전쟁은 황제의 승리로 끝났다.

한편 신교 측의 패배를 본 보헤미아의 주변 신교국들이 자체적으

고문관을 창밖으로 던지는 모습

로 움직임을 보이기 시작했다. 직접 행동을 개시한 것은 덴마크 왕인
크리스티안 4세재위 1588~1648였다. 이로써 30년 전쟁은 제2기로 접어든
다. 초기에는 덴마크가 강세를 보였지만, 용병대장인 발렌슈타인이
자비를 들여 2만 4천 명의 군사를 모아 황제를 도움으로써 전쟁은 또
다시 황제의 승리로 끝났다. 그러나 전쟁 영웅인 발렌슈타인은 정치
적 소용돌이에 휘말려 면직되어 고향으로 돌아가게 되었다.

　그러자 '북방의 사자왕'이라 불리던 스웨덴의 구스타프 아돌프 왕
재위 1611~1632은 이미 두 차례 승리한 황제가 발트 해로 진출하지 않을
까 우려하였다. 그때 제3기에 해당하는 전쟁이 시작되었다. 구스타
프는 북독일을 해방시키고 남쪽으로 진격하였는데, 다급해진 황제

구교국

구교국의 분포

는 다시 발렌슈타인을 불러들여 한판 승부를 벌였다. 전쟁은 구스타프의 전사로 막을 내렸지만, 발렌슈타인도 암살당했다.

한편 신교국 스웨덴은 왕이 죽었음에도 재상이 주축이 되어 끝까지 저항하였다. 이때 정치적 이득을 계산한 프랑스의 리슐리외 재상이 스웨덴을 원조하기 시작했고, 합스부르크 가와의 전쟁은 지루한 소모전으로 바뀌기 시작하였다. 궁극에 가서는 궁지에 몰린 황제가 서로 간에 화의를 요청하면서 30년 전쟁은 끝이 났다.

한편 전쟁이 끝나고 맺어진 베스트팔렌 조약은 세계사적으로 중세 사회를 마감하고 근대 사회를 열어 준 정점이 되었다. 이유는 조

1648년, 베스트팔렌 조약 조인

약의 가장 큰 의미인 종교와 정치의 분리에서 찾을 수 있다. 중세는 교황과 황제가 제휴하여 종교와 정치를 운영해 갔는데, 이 조약으로 그런 관계가 단절되어 사실상 교황과 황제가 몰락한 것이며, 동시에 중세의 끝을 맞게 된 것이다.

다음으로 황제와 함께 합스부르크 가가 몰락하자, 전쟁의 승리자로서 이 조약을 주도하던 프랑스가 상대적으로 정치적 전성시대루이 14세의 절대 왕정를 맞게 되었다. 독일 내에서도 합스부르크 가와 대립하던 북동쪽 신교 지역들이 정치적으로 성장하였다. 이 지역에서 성장한 프로이센은 후일 독일 통일의 주역이 되었다.

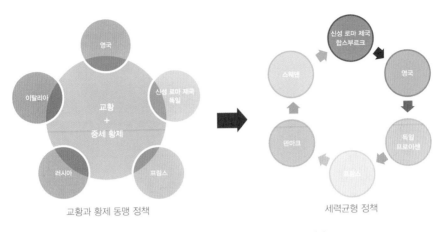

교황과 황제 동맹 정책   세력균형 정책

베스트팔렌 조약 이후 유럽 국가들의 외교 모형 변화

더불어 점검해 볼 것이 있다. 중세 유럽은 황제 또는 교황과 여러 제후국들이 봉건 체제하에 주종 관계로 맺어져 있었으므로, 국가 간 대등한 위치에서 서로의 관계를 유지하는 근대 외교가 성립될 수 없었다. 그러나 베스트팔렌 조약 이후 황제나 교황은 실질적인 의미가 없어지고, 국가 사이에 서로 견제와 타협을 직접 시도하는 근대적 외교 관계가 자연스럽게 형성되었다. 이를 세력균형 정책Balance of Power이라 한다. 이런 외교 관계의 형성은 개개인의 자유와 평등으로까지는 발전되지 않았지만, 국가들 사이에서만이라도 자유와 평등의 조짐이 보이기 시작했음을 의미한다.

중세의 사고와 사회를 주도했던 가톨릭과 교황의 권위는 이렇게 종말을 고하였다. 그리고 기독교 문화가 갖고 있는 공동체 안에서의 자유와 평등관이 중세 유럽인의 의식 개혁 차원에서 보인 역할은 성공적이었다고 추론할 수 있다. 당장은 개개인의 자유와 평등의 중요성이 보편적으로 나타나 보이지 않았기에 간과할 수도 있다. 그러나 베스트팔렌 조약으로 결실을 맺던 1640년대에 영국에서는 자유와 평등을 부르짖는 시민혁명이 본궤도에 들어섰으며, 이어서 유럽 대륙도 시민혁명 시대로 접어들었다.

🔑 베스트팔렌 조약

교황권을 유럽 사회에서 사라지게 한 결정적 열쇠이다.

동아시아의 끝
한반도와
일본열도

기독교 문화가 유럽 전역에 퍼지고 중국에서는 당, 송이라는 두 통일 왕조가 변하던 시기, 유라시아의 극동 지역인 한반도와 일본열도의 모습은 어떠하였는가?

한반도

통일신라가 세워지던 7세기에 북부 요동 지역에는 고구려 유민들이 세운 발해가 있었다. 발해가 갖는 의미는 많이 있겠지만, 그중 중국 문화가 한반도로 직접 유입되는 것을 막아 준 방파제 역할을 한 점이 두드러진다. 덕분에 한반도 내에서 정치적 혼란이 감돌던 10세기에 무사히 고려 왕조가 들어설 수 있었다.

물론 고려가 독자적인 문화를 갖고 있었음은 분명하지만, 당시 중국 송 왕조의 활발한 상거래가 고려 사회에도 영향력을 미치면서 중국 문화의 모습이 이전보다 훨씬 많이 나타났다. 고려 왕조 역시 왕권을 강화하고자 유교 정치를 받아들였고, 사상적으로는 중국의 당, 송 왕조에 걸쳐 꽃을 피운 불교가 중심이었다. 그러나 송 왕조에서 사대부 관료 정치가 이루어진 것과 달리, 고려에서는 혈연으로 강화된 왕실 호족들과 유교를 통한 문신들의 접목으로 이뤄진 귀족 문벌 정치가 왕권 강화의 축이 되었다. 귀족 문벌 정치는 후일 '이자겸의 난'이나 '묘청의 난' 등이 고려 왕권을 나약하게 하는 실질적인 원인이 되었다. 그리고 왕권 약화는 정중부, 최씨 집안 등이 일으킨 무신의 난으로까지 이어졌다.

비록 귀족, 문신, 무신들이 권력을 휘두르면서 사회적으로 혼란을 야기하기도 했지만, 왕권이 약하다는 사실만으로도 민권이 강화되는 요소가 될 수 있었다. 그리고 고려 사회에 깊숙이 퍼져 있던 불교도 평등의 논리를 펼치고 있었기에 민권 강화에 큰 도움이 되

발해(698~926)

+ **대조영** 길림성 돈화시 부근 동모산 기슭에 도읍
+ **대위해** 14대 왕, 이때 발해는 절정기를 맞아 해동성국(海東盛國)이라는 칭호를 얻다.
+ **멸망** 거란족의 침입으로 멸망, 지배층 유민들은 고려로 망명하여 이후 고려 발전에 한몫하였다.

고려(918~1392)

+ **태조 왕건** 936년 반도 재통일
+ **태조의 훈요10조** 후손들에게 훈계한 내용으로 문치적 면이 강조되었다.
+ **과거제** 958년 실시
+ **무신의 난** 정중부 집권. 문치주의로 인한 무신들에 대한 차별이 원인이었다.
+ **의천** 1086년 속장경 조판
+ 1251년 팔만대장경 조판
+ **아라비아와의 문물 교류** 천문, 수학, 의학, 역법
+ 몽골의 침입(1231)
+ 위화도 회군(1388)

었다. 더군다나 송이나 아라비아와의 문물 교류가 빈번해지다 보니 상인 계층의 성장도 두드러졌고, 최초의 화폐 건원중보도 만들어졌다. 이 모두가 민권 성장에 좋은 요소가 되었다.

그러나 원의 간섭 시기 후, 고려 말에는 사대부 계층이 사회 일선

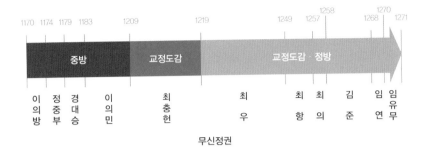

| 1170 1174 1179 1183 | 1209 | 1219 | 1249 1257 1258 | 1268 1270 1271 |

중방 | 교정도감 | 교정도감 · 정방

이의방　정중부　경대승　이의민　　최충헌　　최우　　최항　최의　김준　임연　임유무

무신정권

에 올라서면서 점차 유교 중심의 정치가 강해졌다. 이로써 고려 사회는 자유와 평등관이 잠재한 민권이 잠시 싹트다가 시들어 버리는 모습이 되어 버렸다.

일본열도

일본열도는 헤이안 시대를 거치면서 천황의 위세가 흔들리기 시작하였고, 미나모토노 요리토모가 가마쿠라 막부를 세우면서 세습적 무가武家 정권 시대가 열렸다. 막부 시대는 무사들의 시대였으며, 실세끼리 각축을 벌이는 혼란한 모습을 보였다. 당시 다른 동아시아 국가들은 왕권이 강화되고 있는 데 반해, 일본은 막부를 통해 왕권이 약화되고 있었다.

몽골의 두 차례 침입 후 가마쿠라 막부는 쇠잔했고, 교토에 무로마치 막부가 열리자 지역 간에 성격을 달리하는 체제가 더욱 심화되었다. 당시 막부 내에 있던 슈고守護, 군사 및 모반 진압 등을 맡은 관리가 독립적인 다이묘大名, 영주가 되면서 소규모 자치 국가들로 분리되어 다투는

미나모토노 요리토모

전국戰國 시대로 접어들었다. 무로마치 막부 시기는 정치적으로 분명히 혼란한 시기였다. 그러나 하나의 국가 내에서 혼란한 것이 아니라, 작은 영토를 가진 여러 개의 자치 국가가 난립해 혼란한 양상을 띠었다. 때문에 서로 간에 상업적 교류는 이전보다 훨씬 활발해졌

가마쿠라 시대의 갑옷

다. 이는 초기 근대 유럽 국가들이 갖고 있던 환경이나 성격과 거의
흡사했다.

자유와 평등을 표현할 민권 차원에서 보면, 당시 일본인은 민권

강화에 대한 의식이 없었고, 도리어 다이묘의 전제 정치 앞에 충성하는 도구적 기능만 하고 있었다. 두드러진 예는 가마쿠라 막부 시대부터 등장한 사무라이와 이들에 의한 백성 박해 그리고 충성의 극단적 표현인 할복자살 등이 그것이다.

가마쿠라 막부(1185~1333)

✦ 미나모토노 요리토모
✦ 통치권자를 쇼군(將軍)이라 부름
✦ **이원 지배 체제** 귀족과 사사(社寺, 신사와 사찰) 등 장원 영주적 지배와 무사 영주적 지배로 이루어짐

무로마치 막부(1336~1573)

✦ 아시카가 다카우지
✦ 슈고가 독립적인 다이묘가 되면서 전국 시대 개막
✦ 상업, 수공업 발달
✦ 오다 노부나가에 의해 무로마치 막부가 끝이 남

미래를 여는 열쇠
Check It

🗝 **사대부와 막부**

동아시아의 두 나라가 자유, 평등 의식을 갖고 있었는지 판가름할 수 있는 열쇠이다.

✳ ✳ ✳

역사는 인간이 존재하지 않는다면 만들어질 수 없다. 그만큼 인간이 중요하지만, 고대와 중세를 이어 오던 수천 년의 역사는 인간에 대한 표현에 너무나 소홀했다. 역사의 진행 과정을 더듬어 보면, 다행히 인간의 가치를 재발견한 15세기 르네상스부터 역사 속 인간의 중요성에 대한 실마리를 풀어낼 수 있다. 하지만 중세의 교황권이 건재하던 당시로서 인간에 대한 구체적 표현은 사실상 불가능했다.

그러나 교황권이 사라진 17세기부터 상황이 달라졌다. 그동안 키워 오던 인간의 자연권에 대한 표현이 가능해졌고, 이로써 역사의 새로운 지평이 열렸다. 영국 내란1642~1651, 미국 독립혁명1775~1783, 이어서 프랑스 대혁명1789~1794이 역사의 새로운 모습을 그려 낸 주요 사건들이다. 이 사건들에서 '인간'이란 단어를 제외하면 도저히 역사적 의미를 찾을 수가 없을 정도였다. 이런 주요 사건들이 유럽 전역으로 인간의 가치를 현실화시켜 퍼뜨렸으며, 결국 인간의 고유 권한인 자유와 평등을 중심으로 한 19세기의 자유주의, 국민주의 정체政體까지 만들었다. 이때야말로 '인간 중심의 근대'라고 역사의 테마를 잡아도 과히 틀린 표현이 아닐 것이다. 이 장에서는 이를 다룬다.

✳ ✳ ✳

절대 왕정

베스트팔렌 조약1648으로 중세 체제의 유지에 활용되던 교황권과 황제권이 사라지자 서유럽에는 새로운 정체政體가 필요하였다. 이때 백년전쟁 직후부터 착실히 왕권이 성장한 프랑스가 두각을 나타냈다. 특히 리슐리외나 마자랭, 콜베르 같은 재상들의 활약으로 관료제나 상비군 체제, 중상주의 정책의 정립이 나타났고, 이를 누린 루이 14세 때의 절대 왕정이 두드러져 보였다.

절대 왕정을 표현할 때 몇 가지 짚고 넘어갈 부분이 있다. 절대 왕정은 어떻게 근대 역사 속에서 자리 잡았나? 역사 속에서 진행되고 있는 자유, 평등의 발전에 절대 왕정은 어떤 영향을 주었는가? 또 절대 왕정은 '왕의 권한은 하나님으로부터 주어졌다'라는 왕권신수설에 기초하는데, 이는 어떻게 나타났는가?

베스트팔렌 조약으로 황제와 교황이라는 절대 권력이 사라지자, 그동안 제후에 머물렀던 왕君主의 권한은 아무런 제재 없이 급속하게 성장하였다. 이때 지리상 발견 이후 화폐의 중요성이 제기되면서 왕은 자신의 권력으로 재력을 키워 갔는데, 무한정 커지는 왕의 재력을

루이 14세

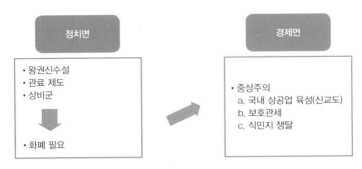

절대 왕정의 구조

제재할 능력이 있는 시민 계층이 아직 미성숙한 상태였다. 결국 성장하는 왕권을 누를 개인이나 집단의 권력이 존재하지 않았다는 것이 왕권신수설을 가능하게 했다고 단적으로 표현할 수 있다.

한편 절대 왕정 시기에는 왕들이 권력을 유지하려면 몇 가지 조건이 맞아야 했다. 왕권은 혼자서 휘두를 수 있는 것이 아니기 때문에 그의 수족 역할을 해 주는 그룹들이 필요했다. 그룹 중 하나는 왕의 측근에서 손발이 되어 주는 관료이며, 다른 하나는 왕국 전체를 통괄하여 손발이 되어 주는 상비군이다.

이 두 그룹은 고대나 중세 때처럼 애국심이나 사사로운 정분情分으로 왕을 도와준 것이 아니라 철저히 대가를 받고 충성을 다하였다. 그러다 보니 될 수 있는 한 재력을 많이 모아 이들을 효율적으로 활용할 수 있어야만 강력한 왕으로서의 통치가 가능하였다. 여기서 화폐의 중요성이 어느 때보다도 강조되었다.

이런 화폐의 중요성중금주의, 重金主義과 맞물려 왕들은 상업을 중요시중상주의, 重商主義하게 되고 무역에서 차액을 남겨 재력財力을 키우려고 하였다. 결국 자본주의 초기 모습자국의 상공업 육성책과 보호무역으로 이익을 채우는 관세 정책, 자본의 이익을 넘기려 혈안이 되어 있는 식민지 쟁탈이 바로 왕의 재력 확충 때문에 본격화되기 시작하였다.

하나 더 짚고 넘어갈 것은 중상주의를 강화하기 위해서 왕은 신흥 중산층인 상업 자본가를 그의 권력 아래 보호하였는데, 이는 절대 왕권 자체를 무너뜨릴 시민 계층을 급속히 키워 주는 역사적 아이러니가 되었다.

결국 역사의 과정에서 보면 절대 왕정 시기의 왕은 자신의 권력이 신으로부터 왔다고 생각하였지만, 사실은 공동체 안에서 각자의 자유와 평등을 주장할 수 있는 정체를 완성할 주역인 시민 계층이 성장할 때까지 보호막 역할을 한 것뿐이었다.

미래를 여는 열쇠 Check It

🔑 **절대 왕정**

공동체 안에서 각자의 자유와 평등을 주장할 수 있는 정체를 완성할 주역인 시민 계층이 성장할 때까지 보호막 역할을 했다.

절대 왕정의
두
형태

중세 때부터 서유럽에서 강력한 국가 형태를 보인 곳은 프랑스, 영국, 독일, 이탈리아였다. 이곳들이 근대에 들어서면 인간의 자유와 평등을 실현해 줄 정치 체제가 나올 수 있는 최상의 후보 지역들이었다. 위에 언급된 네 나라 중 독일과 이탈리아는 국가의 중심 권력인 황제와 교황이 강력한 권위를 보이던 중세에 덩달아 강하게 보였다. 하지만 근대로 접어들면서 교황과 황제가 유럽 전역에서 권위를 상실하자 통일 왕국이 들어서는 19세기 말까지 방황의 시간을 보내야만 했다.

한편 서유럽의 나머지 주축 국가들인 프랑스와 영국은 14~15세기에 걸쳐 일어난 백년전쟁을 통해 독특한 성격을 지닌 왕권 강화의 기초를 다져 놓았으며, 17~18세기 때 왕권의 절정기^{절대 왕정}를 보인 주역이 되었다.

프랑스의 경우, 백년전쟁 중 최대의 격전지가 된 아쟁쿠르 전투에서 봉건 귀족들의 대부분^{사령관 및 공작 3명, 백작 5명, 남작 90명}이 전사하고, 이로써 왕의 견제 세력이 없어지자 자연스럽게 왕의 권위를 강화할 수

아쟁쿠르 전투

있었다. 그렇다 보니 절대 왕정기 왕들은 자신의 욕망과 이권을 위해 위로부터의 철저한 권위적 통치만 염두에 두었다. 이런 통치의 모습은 루이 14세의 친정親政이 대표적이다. 루이는 자신의 절대권을 극대화하고자 상비군을 강화하고 남은 귀족들의 권한을 축소시켰다. 또한 재력 확충을 위해 중상주의를 부르짖었고, 동시에 식민지를 획득하고자 많은 전쟁을 치렀다. 당시 절정에 오른 루이의 왕권이 대내외적으로 워낙 강하다 보니 국민들은 루이의 통치가 자신들을 위한 것이 아님을 느낄 수가 없었다. 왕권이 약해진 18세기 후반에 가서야 이를 알아챈 국민들은 자신들의 권한을 요구하는 프랑스 대혁명을 일으켰다.

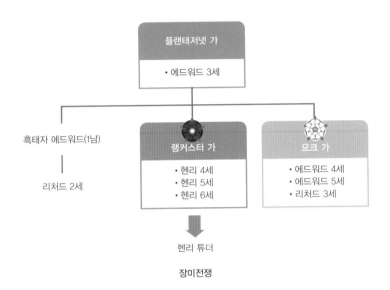

플랜태저넷 가

• 에드워드 3세

흑태자 에드워드(1남)

리처드 2세

랭커스터 가

• 헨리 4세
• 헨리 5세
• 헨리 6세

요크 가

• 에드워드 4세
• 에드워드 5세
• 리처드 3세

헨리 튜더

장미전쟁

영국의 경우는 백년전쟁으로 봉건 귀족들의 생명 손실이 적었지만, 이전에 갖고 있던 프랑스 내 영토를 모두 잃어버렸기 때문에 영국 본섬브리튼이란 한정된 영역에서 그들의 권력 분배를 재조정해야만 했다. 그 과정에서 장미전쟁이라는 또 한 번의 곤욕스러운 역사의 장을 열었다. 장미전쟁은 일종의 '왕자들의 난'이다. 왕자들은 왕실 종친 귀족들은 물론, 대륙에서 쫓겨 온 봉건 귀족들과 결탁하여 자신의 이권을 위해 비도덕적인 모습을 보였다. 결국 비도덕성 때문에 왕실 종친은 물론, 봉건 귀족들이 국민에게 외면당하면서 서로의 파멸을 초래했다. 한편 전쟁을 끝내려는 헨리 7세에게 국민들은 부도덕한 종친 귀족들을 장악할 절대적 권위를 인정해 주었다. 이 영향하에 장미전쟁은 사실상 끝났고, 헨리에게 귀족의 쇠퇴와 왕권 강

튜더 왕조를 세운 헨리 7세

화라는 두 가지가 전쟁의 보상으로 주어졌다. 이때부터 헨리는 튜더 왕조를 세우고 종친이나 봉건 귀족들의 견제가 없는 절대 왕정을 만들게 되었다. 하지만 헨리와 튜더의 자손들은 장미전쟁을 종식시

엘리자베스 1세

킨 국민^{아래로부터 주어진 힘}을 의식한 통치를 항상 염두에 두고 있었다. 그리고 국민의 지지를 받는 절대 왕정의 결실은 튜더 왕가의 엘리자베스 1세 때 나타났다.

영국은 엘리자베스 1세 때 처음으로 유럽 강국으로서의 모습을 드러냈다. 엘리자베스는 절대 왕정 군주답게 중상주의를 꽃피웠고, 식민지 쟁탈을 위해 스페인 무적함대^{Armada}를 격파하는 힘의 과시도 연출하였다. 당시 국민은 이런 과정들을 자신들의 권위와 직결된 것으로 의식하고 있었고, 왕도 이런 국민의 의식을 인정하고 있었다. 그 증거로 국민들은 엘리자베스를 '국민의 왕'으로 인정하고, 그녀에게 '굿 리즈^{Good Liz}'라는 애칭을 붙여 주었다. 이에 여왕도 자신은 국민들과 결혼한 것이라며 평생토록 독신으로 지냈다. 결과는 제해권을 손에 쥔 경제 강국으로의 도약, 미래 대영제국의 기초를 닦은 영국이란 수식어가 세계 역사 속에 새겨졌다. 또 그녀의 뒤를 이어 세워진 스튜워드 왕조 때 영국은 시민혁명 시기에 접어들지만, 왕과 타협한 입헌군주제가 연착륙한 것은 이런 정서와 무관하지 않다._{프랑스가} 혁명기에 무정부 시대의 혼란 및 나폴레옹 군부 통치 등의 곤욕을 치렀던 것과 대비된다

결국 프랑스의 위로부터의 왕권 강화와 영국에서의 국민의 지지를 통한 아래로부터의 왕권 강화 특성이 두 나라의 시민혁명기 및 자본주의 경제 성립의 갈림길에 큰 영향을 주었음을 주목하게 해 준다.

부르봉 왕조와 튜더 왕조

프랑스 부르봉 왕조

+ **앙리 4세** 왕권 확립
+ **루이 13세** 리슐리외(재상), 관료제 확립
+ **루이 14세** 친정 체제 구축
+ 동인도 회사 설립(1604), 중상주의 극치(콜베르티슴)
+ 유럽 최고 수준인 40만 상비군 건설

영국 튜더 왕조

+ **절대 왕정화** 장미전쟁 후 중앙집권 체제 성립
+ **헨리 7세** 대양에 관심, 국내 상업 육성
+ **헨리 8세** 종교개혁 후 관료 계급 정착, 식민지 쟁탈로 인한 해외 발전
+ **엘리자베스 1세** 중상주의 정책 결실 맺음
+ 동인도 회사 설립(1600)

미래를 여는 열쇠
Check It

🔑 절대 왕정의 두 형태

공동체 안에서 각자 자유와 평등을 형성해 나갈 주체 국가의 윤곽을 보여 준다.

중화 제국,
명(明) 왕조와
청(淸) 왕조

주원장이 몽골의 원나라를 멸망시키고 한인漢人 중심의 명 왕조를 세운 뒤 다시 청 왕조로 이어지면서 중국의 근대가 펼쳐졌다. 이 시기에 중국인들의 자유와 평등 의식은 어떠하였나?

명 왕조의 태조가 된 주원장은 먼저 원나라의 잔재를 모두 제거하였고, 소작인 출신으로 황제가 된 자신의 권위를 강화하는 작업에 중점을 두었다.

당시의 황제 강화책은 역시 이전 왕조에서 즐겨 택한 유교 정책이었다. 특히 태조는 육유六諭라는 교시를 통해 민중의 유교 교육을 적극적으로 추진해서 아래로부터 철저히 전제 군주인 황제를 떠받들게 하였다. 그리고 자신의 통치하에 지방 제후들의 세력을 확고히 잡아두기 위해 농본억상책農本抑商策을 시행하였는데, 이 정책은 상업을 통해 제후나 사대부 세력이 황제를 위협했던 당이나 송 왕조의 경우를 의식한 것이다.

황제의 위치가 실질적으로 강화된 것은 영락제 때였다. 영락제는 완전한 전제 군주가 되어서 중원을 거의 평정하였다. 멀리 남방을 토벌하고자 정화를 수차례 보냈고, 북으로는 이전 원나라 민족인 몽골을 그의 세력 속에 넣었다. 이렇게 확장된 영토를 내실 있게 통치한 명은 선종 때 가서 그 위세가 동방 구석구석까지 미쳤다.

명나라를 세운 주원장

한편 몽골 제국이 동서 문화 교류의 길을 터놓고 사라진 15세기경, 중국에서는 명 왕조가 자리를 구축하고 있었고, 서유럽은 르네상스기에 접어들어 있었다. 여기서 서유럽이 아직 인간성을 재발견하는 의식적 상태에 머물고 있었던 데 반해, 명은 송의 정책을 그대로 이어 간다면 자본주의가 본격적으로 나타날 수 있는 유리한 상태에 있었다. 그런데 명은 황제의 권한을 강화하려고 유교를 정책화하고 농업을 중시하는 정책으로 돌아섰다. 이 바람에 근대의 주역으로 올라설 수 있는 핵심인 자본주의의 선구자 자리를 서유럽에게 내주고 말았다. 이에 중국은 고대 전제 군주 형태로 되돌아갔고, 당, 송 시기를 거쳐 잠시 피어오르던 자유와 평등의 기운마저 시들어 갔다.

명이 망한 1644년, 누르하치가 세운 만주국의 순치제가 북경에서

누르하치   강희대제

중원 통일의 꿈을 이루면서 청 왕조를 세웠다. 순치제는 만주인으로
서 자신을 권력을 강화하고자 한족의 정통 문화를 중국 내에서 제거
하려는 이한제한以漢制漢 정책을 시도하였다. 그러나 만주족으로 출발
한 청 왕조 역시 중원에 나온 이상 통일 중국 황제의 위치를 유지하
려면 오히려 한족의 사상과 정책을 따를 수밖에 없었다. 결국 명나라
와 별반 다르지 않은 정책들을 표현하게 되었다.

  한편 사상 쪽에서는 약간 다른 면이 보였다. 명 왕조의 양명학은
인간의 근원을 추구하는 이학을 논리적으로 풀어낸 송 왕조의 주자
학을 논리와 현실을 동일시할 수 있는 학문으로 발전시킨 것이다. 청
왕조 때에는 더욱 현실에 접목시키는 실사구시實事求是의 고증학으로

발전하였다. 이 둘은 자유와 평등 의식이 정립된 서유럽 문화를 받아서 중국 문화가 변할 수 있는 밑그림에 해당한다는 것도 주목해 볼 수 있다. 사실 밑그림의 결실은 강희대제康熙大帝 때 한혼양재漢魂洋才라는 동서 문화 접목 정책에서 나타났다. 그러나 이때도 정치적으로 전제 군주화가 확고해져 있어서 중국 스스로 자유와 평등을 찾을 길은 사실 불가능했다.

명 왕조와 청 왕조

명 왕조

✦ 1368년, 태조 주원장 즉위
✦ 영락제, 전제 군주정 완성
✦ 선종, 통치력 완성
✦ **양명학 발달** 주자학 비판에서 시작

청 왕조

✦ 1616년, 만주족의 누르하치가 후금 건국
✦ 강희대제, 왕조 절정기
✦ **고증학 발달** 실사구시(實事求是) 학문

미래를 여는 열쇠
Check It

🔑 중화 제국

공동체 안에서 각자의 자유와 평등을 형성해 나갈 기회를 잃게 했다.

세 번째
동서 문화 교류
해로

'동인도'란 말은 지리상의 발견 때부터 유럽인이 사용한 말이다. 유럽인은 콜럼버스가 인도라 오인한 아메리카 지역을 '서인도'라 부르고, 옛날부터 알려진 아시아의 인도를 '동인도'라 불렀다. 당시 그들이 생각한 아시아는 인도를 넘어 동남아 일대까지를 말하며, 동아시아 지역은 빠져 있었다.

지리상 발견 초기에는 스페인과 포르투갈이 아시아 여러 지역과 아메리카 신대륙에서 행하던 식민지 통치가 약탈적 경영의 주된 방식이었다. 그러나 후발로 시작한 영국이나 네덜란드, 프랑스 동인도 회사에 의한 식민지 확대는 달랐다. 각국의 동인도 회사는 경제라는 실리적인 문제를 안고 아시아로 진출했는데, 이는 단순한 약탈적 식민지 경영보다는 조직적 탈취 경영의 방식을 취하였다.

한편 16세기에 유럽에서 일어난 종교개혁으로 세력이 약화되던 가톨릭은 교권의 회복을 위해 트리엔트 공의회를 개최하였고, 이때 예수회를 중심으로 아시아나 남아메리카 등 신대륙으로 강력한 복음 전파를 시도하였다. 당시 식민지에서 조직적인 탈취 경영을 하려

영국에 있는 동인도 회사 건물

던 동인도 회사는 식민지의 정신계를 지배하는 문화종교 포함를 분석하고, 이를 적절하게 파괴하는 작업도 중요하게 생각했다. 이것이 예수회의 복음 전파와 접목되면서 대대적으로 기독교 문화가 유럽에서 넘어갔다. 유럽의 절대 왕들은 자신의 이득을 위해 자국 회사를 직접 지원했다. 이 때문에 기독교 문화의 움직임은 개인적 차원보다는 국가적 차원에서 진행되었다.

결국 실리적인 경제 문제를 해결하는 과정에서 유럽의 문화도 함께 아시아로 옮겨진 것이다. 그리고 옮겨진 유럽 문화는 아시아 고유 문화와 융합되면서 점차 새로운 문화의 형태를 창출하게 되었다. 청나라 강희제가 말한 '정신은 중국 것을 지키지만 실리적인 면은 유럽

트리엔트 공의회

의 자연과학을 사랑한다'라는 한혼양재 원칙에서 가장 두드러지게
보인다. 이런 근대의 동서 문화 교류는 유라시아의 서쪽에서 동쪽으
로 진행되었음을 보여 준다.

기독교 문화가 아시아로 이동하는 의미를 짚어 보자. 인도나 중국
은 고대부터 자체적으로 큰 문화를 이룬 곳이다. 이 국가들에서는 힌
두교에서 출발한 인도의 신분 제도인 카스트나 유교주의하에 있던

중국 황제의 맥이 그대로 이어지다 보니 인간의 자유, 평등에 대한 의식이 많이 약했다. 이런 곳에 자유나 평등의 중요성을 인식하는 의식적 변화가 생기려면 유럽 중세 때 겪은 것과 같은 기독교 문화의 유입이 필요했다. 그것이 바로 바닷길을 통한 문화 교류에서 본격적으로 시작되었다.

해로

유럽에서 정립되던 자유, 평등 의식을 아시아 전역으로 확대시켰다.

절대 왕권
붕괴의
3단계

중세 교황권의 제거를 위해서 르네상스, 지리상 발견, 종교개혁이라는 '인간성 재발견'의 3단계 과정이 있었다.

이런 과정으로 교황권이 무너지자 당연히 그 자리에 민권이 대체될 것이라 생각했다. 그러나 그 자리를 차지한 것은 절대 왕권이었다. 하지만 절대 왕권도 민권 신장을 위한 도구에 불과했으며, 결국 민권에게 자리를 내주게 되었다. 이 상황은 프랑스와 영국의 시민혁명에서 확실하게 볼 수 있다.

영국의 절대 왕권에는 국민과의 타협적인 정서가 형성되어 있었다. 때문에 시민권을 찾는 움직임^{시민혁명}이 영국에서 먼저 시작된 것은 당연한 절차일 것이다. 영국의 시민혁명 진행 순서를 보면 의회가 먼저 움직임을 보였고, 그 결과 헌법 아래 왕의 권한이 놓여 있다는 입헌군주제가 성립되었다. 민권을 행사하던 의회와 왕의 타협이 이렇게 역사에서 처음으로 소개되었다.

다음으로 입헌군주정을 획득한 영국의 통치하에 있던 미국 식민지인들은 대서양 너머 아메리카 대륙에 있다는 지리적 조건을 이용해

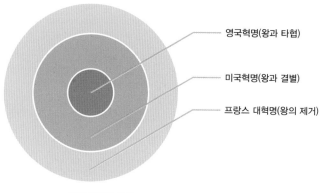

영국혁명(왕과 타협)

미국혁명(왕과 결별)

프랑스 대혁명(왕의 제거)

절대 왕정의 붕괴

'왕과의 결별'까지 생각하게 되었다. 비록 영국의 강한 저항이 있었지만, 그들은 무사히 영국으로부터 독립했다. 헌법 아래 미국인은 북아메리카 13개 주의 지역적 자치권州權, state rights이 보장된 연방 국가를 수립했다. 이는 '왕권과의 결별'을 통해 공화정을 획득한 선례가되었다.

마지막으로 가장 강력한 절대 군주가 있던 프랑스 국민들은 영국과 미국의 선례를 보면서 더욱 용기를 얻었다. 이들은 혁명 과정을통해 왕을 제거하고 제1공화정을 열었다. 특히 국민들에 의한 루이16세의 처형은 절대 왕권 몰락의 절정絶頂을 보여 준 사건이었다. 동시에 역사 시대가 시작된 이래로 잃어버린 인간의 자연권자유, 평등을인간 스스로의 노력으로 다시 이뤄낸 결정적 순간이 되었다.

🔑 절대 왕권 붕괴 3단계

인간의 자연권인 자유와 평등을 인간 스스로의 노력으로 다시 이뤄내도록 단계적으로 유도하였다.

1689년,
영국
권리장전

잉글랜드를 정복한 노르망디의 윌리엄 1세의 세 아들 중 막내 아들인 헨리는 왕이자 둘째 형인 윌리엄 2세가 사냥터에서 의문의 화살을 맞고 살해되자마자, 왕궁으로 달려가 옥새를 손에 넣고 헨리 1세로 즉위한 인물이다. 당시 헨리는 혈통상 왕위 계승 1순위였던 로버트 공_{윌리엄 1세의 맏이}이 십자군 원정에 참여한 틈을 타 왕으로 등극하였다.

이런 이유로 헨리는 자신의 왕위를 지지할 귀족들이 절대적으로 필요하였는데, 그를 위해 사용한 것이 1100년에 선포된 자유헌장이었다. 이 헌장의 주 내용은 선조인 고백왕 에드워드의 법률을 내세워 민심을 수습하고, 왕에 의한 불법적 관례를 없애 귀족에게 많은 권익을 보장해 준다는 것이다. 또 성직 재산이 종교인들에게 확실히 전해지도록 하고, 조세 징수도 지방 영주들에게 편리한 쪽으로 해 주겠다는 것이다. 자유헌장을 통해 헨리는 왕권의 일부를 스스로 성직자 및 귀족들에게 양보하였지만, 그 대가로 왕위를 합법적으로 인정받게 되었다.

헌리 1세

한편 헨리 1세로부터 몇 대 뒤의 왕인 존 왕은 귀족과 의논 없이 독자적인 행동을 하다가 프랑스의 영국령 토지들을 필리프 2세^{프랑스 왕}에게 거의 잃게 되었다. 이때 자유헌장 정신이 다시 귀족들 사이에 거론되었다. 귀족들은 자유헌장을 상기시키며 존 왕의 권력을 제한했는데, 1215년의 대헌장^{마그나 카르타}이 그것이다. 내용은 자유헌장과 비슷하며, 핵심은 세금을 거둘 때에는 귀족의 동의가 있어야 하고 왕의 특권인 구속과 추방도 인신 보호율이라는 차원에서 제재받게 하였다.

영국 민주주의의 발달

✦ 1100년, 헨리 헌장
✦ 1215년, 존 왕과 대헌장(마그나 카르타)
✦ 1258년, 시몽 드 몽포르와 옥스퍼드 대자문회
✦ **튜더 왕조** 국민의 힘을 의식한 절대 왕정
✦ **스튜어트 왕조** 국민을 염두에 두지 않은 독단적 절대 왕정
✦ 1628년, 권리청원
✦ 1688년, 권리선언
✦ 1689년, 권리장전

이렇듯 귀족들이 대헌장으로 왕권을 법적으로 제재하려는 움직임을 보였지만, 보다 실질적이고 행동적으로 왕권을 제한하려던 것은 옥스퍼드 대자문회였다. 당시 옥스퍼드 대자문회는 시몽 드 몽포르를 수장으로 헨리 3세에게 대항하였다. 그들은 잠시나마 왕권을 정지시키고 자신들만의 정치를 할 수 있었으니, 최초의 의회가 이렇게 세상에 소개되었다. 이 의회는 당시 세계 역사에서는 결코 찾아볼 수 없었던 시민에 의해 왕권을 제한할 수 있는 최초의 합법적 조직체였다.

한편 15~16세기에 들어서 백년전쟁과 장미전쟁에 염증을 느낀 영

국인의 지지 아래 왕권을 강화한 튜더 왕조의 왕들은 항상 국민들을 염두에 두고 통치를 하였다. 그렇기 때문에 튜더 왕조 때에는 의회의 역할이 그리 필요하지 않았다. 하지만 다음 왕조인 스코틀랜드의 혈통을 가진 스튜어트 왕조는 튜더 때의 정서를 이해하지 못하고 국민을 염두에 두지 않은 독단적 왕권을 휘둘렀다. 이것이 화근이 되었다. 의회가 주도하여 대헌장의 부활이라고 할 수 있는 권리청원을 1628년에 찰스 1세에게 요구하였다.

그러나 권리청원마저 잘 지켜지지 않자, 의회와 왕권의 무력 대립_{1642, 영국 내란}이 필연적으로 이어졌다. 무력 대립은 1688년에 명예혁명으로 마감되었고, 자유헌장 때부터 이어진 왕권 제한 정책을 '왕권도 법 아래 있다'라는 권리선언과 이어서 1689년에 완성된 권리장전을 대내외에 선포하게 되었다. 권리장전의 내용은 다음과 같다.

첫째, 국왕은 국가의 기본권을 침해하지 못 한다.
둘째, 모든 예산은 의회가 결정한다.
셋째, 군대 관련 사항 및 재판은 의회의 동의가 있어야 한다.
넷째, 3년에 한 번은 의회가 소집되어야 한다.

권리장전으로 왕권이 확실히 제한되고 의회권이 대대적으로 강화되었다. 이로써 영국에서는 공동체 안에서 개개인이 자유와 평등을 소유할 수 있는 민주정의 윤곽을 한층 선명하게 보여 주는 입헌군주제가 왕과 의회의 타협하에 성립되었다.

**미래를
여는
열쇠**
Check It

🔑 권리장전

인간이 자연권을 누릴 수 있는 최초의 공식 체제(입헌군주제)를 만들
어 준 열쇠이다.

1776년,
미국
독립선언서

영국에서 북아메리카 대륙으로 건너간 본토인으로 구성된 북아메리카의 13개 지역 식민지인들도 공화정 수립의 대열에 올라섰다. 식민지인의 불만은 영국 정부가 필요에 따라 그들을 영국민으로 또는 식민지인으로도 혼용하는 데 있었다. 영국 정부는 특히 세금 정책에 있어서 이런 방식을 혼용하여 사용했는데, 이에 대한 식민지인의 불만은 버지니아 의회에서 결의된 '대표 없는 곳에는 과세 없다'라는 표어에 잘 나타나 있다. '대표 없는 곳'이란 의미에는 13개 지역의 영국민으로 인정받지 않고 있다는 말이 내포되어 있다. 또 '과세 없다'라는 말 속에는 과세란 국민의 의무인데, 영국민 취급을 못 받는 식민지인에게 세금을 거둘 수 없다는 의미가 담겨 있다.

식민지인의 이런 불만은 인도에서 과잉 생산된 홍차를 아메리카에 대량 소비시키고, 그에 따른 세금까지 거두어들이려는 영국 정부의 움직임이 포

미국 독립의 배경

+ 메이플라워 호를 타고 온 사람들 식민 자치 제도 확립
+ 타운 미팅 제도 주 의회 기원
+ 식민지인 중산 농민, 종교인, 정치인, 교육자 등

독립선언서 서명 장면

착되면서 더욱 커졌다. 이에 미국 식민지인은 보스턴에서 극단적으로 저항하였다.^{보스턴 차 사건} 이 사건이 발화점이 되어 북아메리카 13개 지역은 독립을 향해 한 발짝 더 나아가기 시작하였다.

더구나 17세기에 이미 영국 본토에서 입헌군주정이 안착된 것이 북아메리카의 식민지인에게 자신감을 한층 불어넣었다. 왜냐하면 영국민들도 투쟁하여 국왕도 법 아래서는 그들과 다를 것이 없다는 원칙^{왕도 법 아래 놓인다}을 만들어 놓았으니, 식민지인은 자신들도 시작만 한다면 영국민들보다 더 많은 것을 얻을 수 있다고 생각하게 되었기 때문이다.

이런 생각은 '인간의 생명과 자유와 행복할 권리는 타고난 것이

1775년, 렉싱턴 전투 메사추세츠 렉싱턴에서 벌어진 전투로 독립전쟁의 발단이 되었다.

1775년, 콩코드 전투 미군이 영국 물자 파괴를 시도했다.

1781년, 요크타운 전투 콘 월리스가 항복함으로써 독립전쟁이 끝났다.

며 이는 어떤 외부 조건에도 방해받을 수 없다'라는 자연권 사상과 접목되었다. 결국 그들은 독립의 정당성을 세계에 알리는 독립선언서를 1776년에 공표하면서 본격적으로 행동하게 되었다. 특히 패트릭 헨리의 "자유 아니면 죽음을 달라!"라는 외침이 식민지인의 하나된 목소리일 뿐 아니라 당시 자연법 사상이 확산되어 있던 유럽 사회에서도 비중 있는 외침이 되고 있었기 때문에 유럽의 지원도 받게 되었다. 그 결과 13개 지역의 식민지인들이 단합하여 영국 왕과 결별하면서 독립을 성취하였고 자신의 자연권을 스스로 지킬 수 있는 연방제적 단일 공화국을 만들었다.

여기서 짚고 넘어갈 것은 미국 내 13개 주 지역이 영국으로부터 독립하여 공화정을 만들었음은 분명하다. 그러나 지역적으로는 경제, 문화에 있어 영국과 밀접한 관계에 있는 사람들이 많았기 때문에 공화정 성립에 미국인 모두가 공감한 것은 아니었다. 그럼에도 한정된 시민 중심의 의회가 수립한 영국의 입헌군주제보다는 정치적 독립이란 문제에 공감한 보통 시민^{식민지인}의 보편적 노력으로 이뤄낸 연방제적 단일 공화 체제였으므로, 한층 절대 왕권에서 벗어났음은 분명했다.

미래를
여는
열쇠
Check It

🔑 독립선언서

인간의 자연권(자유, 평등)을 누릴 수 있는 또 다른 정체(연방제적 단일 공화 체제)를 만든 열쇠이다.

1789년,
프랑스
인권선언서와
나폴레옹의 역할

17~18세기를 통해 인간의 고유한 권리인 자유와 평등을 갖는 것이 정당함을 영국인과 미국인에게 각각 일깨워 준 권리장전과 독립선언서는 절대 왕권이 가장 강하게 행사되던 프랑스 국민들에게도 변화의 힘으로 작용했다.

변화의 힘은 프랑스 혁명이 터진 1789년, 그해 5월 선포된 인권선언서로 나타났다. 이 선언서에서 프랑스 국민들은 자유, 평등, 박애를 부르짖었는데, 이들은 이미 권리장전과 독립선언서에서 밝힌 내용에 다 포함되어 있었다.

그럼에도 인권선언서가 굳이 앞의 것들과 구별되는 것은 자유, 평등, 박애를 프랑스 국민에 국한한 것이 아니라 인간 모두에게 해당되는 보편적 진리로서 선포했다는 점이다. 이로써 민주적 공화정이 등장할 수 있는 성문화된 계보가 완성되었다. 그 계보는 헨리의 자유헌장, 대헌장, 권리청원, 권리장전, 독립선언서, 인권선언서로 이어진다.

성문화된 계보의 최종 모습인 인권선언서는 드디어 프랑스 국민

프랑스 인권선언서

들을 자극하여 1793년에 루이 16세를 제거하고 국민에 의한 공화
정을 만들었다. 이는 고대 그리스와 로마 초기에 잠깐 선보인 공화

나폴레옹의 일생

✛ 코르시카 출생
✛ 1798년 9월, 이집트 원정(로제타 스톤 발견)
✛ 1799년, 통령 정부 선포
✛ 1802년, 종신통령 취임
✛ 1804년, 국민투표로 황제 즉위
✛ 1806년, 대륙 봉쇄령(이에 영국은 해상 봉쇄령으로 맞섬)
✛ 1814년 4월~1815년 2월, 엘바 섬으로 유배당함
✛ 1815년 6월, 워털루 전투
✛ 1815년 11월 20일, 세인트 헬레나 섬으로 유배당함
✛ 1821년 5월 5일, 사망

정을 인간 스스로의 의식적 개혁과 노력으로 다시 만들어 낸 모습이며, 인간 개개인이 공동체 속에서 자유, 평등할 수 있는 확실한 방법의 완성이기도 하다.

프랑스에서는 1789년 인권선언서와 함께 국민에 의해 성취된 공화정의 첫 모습을 만들었다. 그러나 그동안 워낙 절대 왕권의 그늘이 강했기에 공화정이 제대로 안착하기 전에 독재 정치, 공포정치, 시민 과두 체제였던 총재 정부의 미숙한 정치 등의 과정을 겪게 되었다. 이때 이전 왕권 추종 세력들이 재등장하여 사회가 다시 혼란해졌다.

혼란한 상황에 국민들은 사회를 안정시킬 절대자를 다시 열망하게 되었다. 국민적 열망에 부합하여 혁명 군대에서 혁혁한 공을 세운 나폴레옹이 정치 전면에 등장하였다. 나폴레옹은 브뤼메르 쿠데타로 정치적 실권자가 된 뒤 사상과 언론을 통제하는 등 철저한 중앙집권 정책을 실시하였다. 국민들의 의도를 읽고 사회를 안정시키는 여러 가지 개혁 정책을 수행하였으며, 혁명의 결과를 담은 나폴레옹 법전을 편찬하기까지 하였다. 이런 정책들이 성공하자 국민들

의 호응 아래 1804년에 황제로 등극하였다.

황제가 된 나폴레옹은 그의 관심을 국내에서 국외로 돌렸다. 구체적으로는 고대 로마 제국이나 신성 로마 제국과 같은 유럽 대륙의 통치자로 욕심을 낸 것이다. 그러나 그가 유럽 대륙의 수장이 되려면 '정복'이란 수단밖에 없었다. 이에 궁극에 가서 유럽 모든 국가들을 전쟁의 고통 속으로 몰아넣었다.

한편 나폴레옹은 유일하게 정복의 위협을 견딘 영국에 대하여 산업혁명 이후 유럽 국가들과의 무역을 통해 벌어들인 재력이 그 원동력이었다고 보았다. 이에 나폴레옹은 영국의 힘인 재력을 고갈시키는 방법으로 유럽과의 무역을 단절시키는 것이 가장 적절하다고 생각하였다. 그 결과 나폴레옹은 극약 처분으로 대륙 봉쇄령을 내렸다.

당시 영국은 재해권을 장악하고 많은 식민지를 소유하고 있었다. 따라서 프랑스의 극약 처분에 대해 해상

황제 나폴레옹

봉쇄령으로 맞받아치고 유럽과의 무역보다 신대륙과 아시아 내 식민지 무역으로 범위를 넓혀 가게 되었다. 결국 대륙 봉쇄령은 영국을 제압하는 것이 아니라 정복한 유럽인 모두의 삶을 위협하는 결과를 낳았으니, 이로써 나폴레옹은 유럽인에게 원성을 듣게 되었다. 뿐만 아니라 봉쇄 과정 중 러시아가 영국과 밀무역을 하자 나폴레옹이 보복 차원에서 단행한 러시아 원정에서 처절하게 실패하였다. 결국 나폴레옹은 몰락의 길로 접어들었다.

여기서 나폴레옹이 추진한 유럽 정복의 의미를 살펴보자. 나폴레옹은 프랑스 혁명 당시 대외적 상황을 잘 풀어 나가 군부의 영웅으로 입지를 세운 인물이다. 또한 브뤼메르 쿠데타로 정권을 손에 쥐었을 때도 국민들을 누구보다 의식하고 있었다. 특히 인권선언서에 표현된 자유, 평등, 박애 사상을 담은 나폴레옹 법전을 편찬하면서까지 누구보다 프랑스 혁명의 의지를 실천한 인물이었다. 비록 유럽 제국을 손에 넣어 옛 로마 제국의 영광을 꿈꾸었을 때도 이런 원칙을 버리지는 않았지만, 대륙 봉쇄령이란 덫에 스스로 걸리는 바람에 오히려 유럽 국가들을 억압하는 결과를 만들어 냈다.

그러므로 나폴레옹은 유럽 정복으로 유럽인에게 인간의 기본권인 평등, 박애를 본의 아니게 전해 줌과 동시에 그들에게 인간 기본권의 소중함을 일깨워 주려고 억압한 악역까지 맡은 것이다. 나폴레옹이 점령한 상태에서 피히테가 독일인의 자유와 평등이 정복자 나폴레옹에게 박해받고 있다고 표현한 〈독일 국민에게 고함〉[1808]이라는 연설은 당시 유럽 전체에서 나폴레옹의 역할이 무엇이었는지 충분히 엿볼 수 있게 해 준다.

🔑 인권선언서와 나폴레옹

인권선언서는 영국과 미국의 경우처럼 인간의 자연권(자유, 평등)을 누릴 수 있는 정치 체제를 만드는 데 활용되었으며, 나폴레옹은 여타 유럽 대륙 내 국가들에게 자연권의 필요성을 인식도록 하는 데 활용되었다.

빈 체제와
유럽
시민혁명

나폴레옹의 몰락으로 19세기 초 유럽 사회에는 평화가 찾아오는 듯하더니 나라별로 자국민의 자유와 평등을 부르짖는 시민혁명의 소리와 총성이 다시 울리기 시작했다. 유럽의 시민혁명은 어떻게 전개되었는가?

프랑스 혁명이 절정에 달한 1793년 루이 16세는 단두대의 이슬로 사라졌다. 이 소식은 유럽의 다른 국가들에게 큰 충격을 안겨 주었고, 유럽 국가들영국, 오스트리아, 러시아, 스웨덴, 독일 등은 프랑스에 대해 공동으로 대처하고자 1차 대프랑스 동맹을 결성하였다. 이때부터 영국이 주도하여 유럽의 강대국들과 함께 나폴레옹 제정이 붕괴되기까지 세 차례나 더 대프랑스 동맹이 결성되었다.

나폴레옹을 제거하기 위한 대프랑스 동맹을 통해 유럽 강대국이 자연스럽게 모임으로써 일단의 체제가 뿌리를 내딛을 수 있었다. 그리고 나폴레옹 제정이 붕괴된 뒤, 황폐해진 유럽의 질서를 재편성하려는 모임이 빈에서 개최되었을 때 실질적 체제로써 국제 사회에 모습을 드러냈다.

대프랑스 동맹

	결성	해체
1차(1793)	왕 처형	캄포 포르미오 조약(1797)
2차(1799)	통령 때	아미앵 화약(1802)
3차(1805)	황제 때	대륙 봉쇄령(1806)
4차(1813)	러시아 전쟁 때	빈 협정(1815)

　먼저 빈 체제 의미를 짚어 보자. 나폴레옹의 문제를 유럽 국가들이 공통적인 주제로 삼고 함께 풀어 나간 점에서, 앞으로 세계가 공동의 문제를 풀어 나갈 때 구심점으로 활동할 국제기구의 모습이 무엇인가를 선보인 것이라 할 수 있다. 다음으로 체제에서 결의된 내용을 살펴보면 나폴레옹 이전의 왕정으로 복귀한다, 나폴레옹이 점령한 땅들을 강대국 위주로 재정립시킨다, 유럽 전역에 싹트고 있던 자유와 민족정신을 제재한다 등이었다.

　결국 빈 체제 결의 내용은 나폴레옹이 사라지면 자유와 평등을 소유할 수 있을 것이란 유럽인의 기대를 무너지게 했고, 동시에 유럽인들의 의식 속에 자유와 평등, 박애라는 인간 기본권의 중요성을 요원의 불길처럼 타오르게 만들었다. 즉 나폴레옹에 의해 유럽에 전해진 인간의 기본권을 유럽인 자신의 것으로 의식하게 되는 계기를 빈 체제가 만들어 준 것이다.

　영국, 오스트리아, 러시아, 프로이센 4국을 중심으로 빈 체제가 원활히 유지되던 1818년, 오스트리아의 메테르니히가 주도하여 프랑

빈 체제

스는 빈 체제 일원으로 승격되었다. 이는 프랑스 때문에 결성된 빈 체제의 기본 성격과 모순되었고, 이런 모순은 빈 체제가 있기까지 주도적 역할을 한 영국의 탈퇴로 이어졌다. 영국이 탈퇴한 이유는 베로나 회의1822에서 결정한 스페인 내정간섭 문제에 있었다. 영국을 제외한 다른 동맹국들이 스페인의 문제를 프랑스가 다루도록 위임한 것에 대한 불만이었다.

이렇듯 빈 체제가 붕괴의 조짐을 보이자 유럽에서는 시민혁명의 기운이 크게 감돌았고, 1차 시민혁명의 절정을 맛본 프랑스가 다시 혁명의 진원지가 되었다. 프랑스는 유럽 어느 나라보다도 자유, 평등, 박애의 중요성을 인식하고 있던 곳이며, 나폴레옹도 그런 맥락을 같이하고 있었다. 그러나 나폴레옹이 사라진 후 들어선 루이 18세와

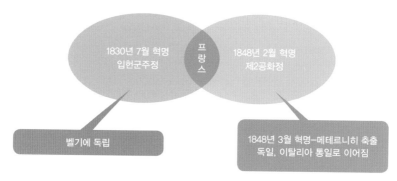

프랑스의 혁명 제현과 그 영향

샤를 10세는 노골적으로 혁명 이전의 절대 왕정으로의 복귀를 요구하였다. 더군다나 국제적으로도 복귀된 절대 왕정을 강력하게 밀고 나가는 빈 체제의 일원이 되고 보니 프랑스 국민들이 상대적으로 느끼는 부자유, 불평등 의식은 극으로 치달았다.

결국 1830년 7월, 자유주의자 라파예트의 지휘 아래 시민혁명이 다시 일어났고, 입헌군주정이 들어서게 되었다. 프랑스 7월 혁명은 빈 체제를 이끄는 5대 강국 내에서 일어난 것이기에 다른 약소국들에게 대단한 용기를 불어넣어 주었다. 그 결과 벨기에, 폴란드, 독일, 이탈리아 등에서 시민혁명이 일어났다. 그러나 빈 체제가 건재하였기에 벨기에를 제외한 나머지 국가들은 혁명에 실패하였다.

프랑스에서 7월 혁명으로 이룩한 입헌군주정이 1846년경에는 절대 왕정으로 다시 돌아서려 했고, 흉작과 공황이 일어나 사회가 혼란해지자 1848년 2월에 혁명이 재차 일어났다. 2월 혁명으로 국민들은 왕을 몰아내고 제2공화정을 수립하였다. 이는 시민혁명에 실패한 유럽 국가들에게 또다시 용기를 불어넣어 주었다. 특히 같은 해 3월에 독일에서 혁명이 일어나 절대 왕정을 강력하게 추진하던 오스트리아 메테르니히의 정치적 생명을 단절시킨 소기의 결실을 이뤄 냈다. 3월 혁명의 성공은 빈 체제의 와해를 의미하는 것이며, 동시에 유럽의 시민혁명이 본격적으로 일어나는 시점이 되었다. 이제 독일과 이탈리아의 통일이 현실로 나타나게 되었다.

이렇듯 17~18세기에 영국과 프랑스, 양국에서 시작된 시민혁명이 19세기에 이르러 유럽 전역으로 확산되었고, 시간이 지나면서 열매를 맺었다. 이는 19세기 후반 인간의 기본권인 자유와 평등을 내포한 공화정을 선포하는 근대 국가들이 속속 나타났음을 의미한다.

미래를 여는 열쇠
Check It

🔑 빈 체제

영국, 미국, 프랑스 3국에서 진행된 시민혁명과 나폴레옹의 인간 자연권이 유럽 대륙으로 전파되면서 유럽 국가들은 고무되었다. 이들 국가에서 혁명을 일으킬 실질적인 자극제가 필요했는데, 이에 사용된 열쇠이다.

영국,
산업혁명과
1차 선거법 개정

영국은 자유와 평등이라는 인간의 기본권을 가장 먼저 주장했고 최초의 결실도 맺었던 곳이다. 따라서 빈 체제의 모순^{절대왕정으로의 회귀}을 보면서 미련 없이 이 체제와 결별하였다. 이로써 유럽 사회에서 외톨이가 된 영국 정부는 자칫 입헌군주정이 흔들려 내부에서 반발이 있지 않을까 우려하였다. 거기에 도시 노동자들의 불만, 특히 기계를 파괴하자는 러다이트 운동¹⁸¹¹이나 맨체스터 피터 광장에서 농성하던 데모대가 경찰에 진압되면서 유혈사태에 이른 피털루 사건¹⁸¹⁹ 등 노동자 폭동이 심심찮게 일어나자 정부는 더욱 긴장하게 되었다.

영국에서는 1770년대에 기계의 발달과 증기기관의 발명으로 자동화가 촉진되었다. 그동안 소규모 가내공업 상품을 교환하는 수준에 그쳤으나 자동화 덕분에 상품을 대량 생산하고, 확대된 시장을 통해 대량 유통하는 수준의 자본주의기로 접어들었다. 이에 자본주의의 수단인 화폐의 중요성은 더욱 강화되었다.

나폴레옹과의 전쟁 중에는 군수품을 비롯한 여러 산업 제품이 본

러다이트 운동

격적으로 생산되었고, 전쟁이 끝날 무렵에는 수많은 산업 노동자들과 팔리지 않은 상품이 넘쳐흐르게 되었다. 그러나 유럽 대륙은 전쟁으로 피폐해지고, 아시아나 신대륙 시장은 아직 개척되지 않아 상품들이 소비되지 않았다. 이에 영국에서는 공급 과다에 의한 인플레이션이 일어났고, 공황 상태에 접어들었다. 공황은 도시에 몰린 노동자들의 생계를 위협하기에 이르렀고, 자칫 새로운 시민혁명이 일어날 조짐까지 보이게 했다. 다행히 정부가 노동자들의 권익을 보호하고 그들의 권리를 인정해 주는 방법을 찾아내 극단적인 유혈 시민혁명에는 이르지 않았다.

그러면 그 과정을 살펴보자. 영국에서는 14세기부터 의회 의원이 선출되는 선거구가 농촌 지역으로 국한되었다. 18세기 후반에는 농촌에서 과학적 영농이 이루어져 많은 농업 노동자들이 농촌을 떠나게 되었다. 한편 모직물이 기계화로 대량 생산되자 양도 대량 사육할 필요가 생겼다. 이에 사육지를 확대시키는 제2차 인클로저 운동이 일어났는데, 이 또한 많은 농업 노동자들을 도시로 이주시켰다.

그러므로 19세기의 농촌에는 선거구 역할을 하지 못하는 많은 지역구^{부패 선거구}가 생겼고, 반대로 도시는 선거구가 없는 상태에서 인구

차티스트 운동 제1차 선거법 개정 이후 일어난 노동자들의 선거법 개정 운동

만 확대되어 열악한 환경이 조성되었다. 그럼에도 이 지역구는 정부의 도움을 받지 못하고 있었다. 이런 상태에 공황까지 겪게 되니 영국 사회에서는 당연히 혁명의 조짐이 심화되었다.

상황을 잘 판단한 정부는 사력을 다하여 농업 지주들과 타협하였고, 1832년 드디어 도시 상공업자들에게 선거권을 부여하는 제1차 선거법 개정을 이뤄 냈다. 선거법 개정은 영국에게 피를 흘리지 않은 또 하나의 명예혁명이었다. 비록 입헌군주제는 유지하지만, 특정한 사람들만 자유, 평등의 권리를 행사하던 입헌군주제의 한계를 깨고, 국민 모두가 주권을 행사할 수 있는 정체政體를 찾게 된 것이다. 이로부터 여성 참정권이 주어지는 1919년까지 몇 차례 더 선거법 개정이 있은 후 1928년에 보통 선거가 공식화된 오늘날의 민주 공화정이 등장하였다. 선거법 개정으로 도시에 많은 혜택이 주어지면서 산업 도시들도 급속히 발전하기 시작했다. 또한 경제적으로도 본격적인 자본주의 시대가 오자 정부는 이를 발판으로 입헌군주정과 자본주의를 동시에 만족시킬 새로운 정체를 구상하기에 이르렀다.

미래를 여는 열쇠
Check It

🔑 **산업혁명과 제1차 선거법 개정**

산업혁명은 인간의 자연권(자유, 평등)이 인류의 보편적인 개념이 되도록 유도하는 매체가 되었다. 산업혁명 후 부의 축적은 특정인만 가능한 것이 아니라 누구나 노력하면 된다는 의식이 생겼고, 제1차 선거법 개정은 산업혁명으로 부를 축적한 신흥 산업 그룹들이 정치적 힘을 얻도록 해 주는 열쇠였다.

자유주의
(Liberalism)
정치 체제

시민혁명 시기에서 살펴본 바와 같이 자유를 부르짖고 이를 통해 국민에 의한 공화정을 이룬 국가는 프랑스지만, 막상 공화정과 자본주의를 결합해 새로운 정치 체제를 만든 국가는 영국이었다.

먼저 프랑스의 역사를 잠깐 살펴보면, 프랑스는 19세기에 들어와 절대 왕정으로 복고되는 바람에 두 차례의 정치적 혁명을 치르고 국민에 의한 공화정을 되찾았다. 하지만 두 차례의 혁명은 프랑스의 경제를 피폐하게 했고, 국민에게 나폴레옹의 향수를 불러일으켰다. 그 결과 제2제정이 열리고 나폴레옹 3세가 등극하였다.

나폴레옹 3세는 자신이 등극한 1852년부터 보불 전쟁으로 독일에게 항복한 1871년까지 주로 자신의

나폴레옹 3세

권위를 위한 독단적 정치를 행했다. 하지만 나름대로 국가 경제도 안정시키고 자본가 계층도 두터워졌다. 그 결과 1871년에 국민에 의한 세 번째 공화정이 들어선 이후에는 자본주의 경제 체제가 제대로 운영되었다.

영국으로 방향을 돌려 보자. 빈 체제와 결별한 영국의 정책 책임자들은 빈 체제의 전제 국가들에 강력히 대항할 수 있는 민주 공화정 성격의 새로운 정체를 찾고 있었는데, 그 가능성이 선거법 개정에서 엿보이기 시작했다.

선거법 개정 이후, 도시 상공업자들이 의회 의원으로 진출하자 괄목할 만큼 도시 노동자들의 조건이 향상되었다. 특히 여성과 10세 미만 연소자의 광산 고용 금지, 노동 시간을 10시간으로 제한하는 등 공장법이 개선되어 노동자들도 삶의 의미를 되짚어 볼 시간이 생겼다. 그러나 선거법 개정 이후에도 의회에서 농업 지주들의 세력이 크다 보니 그들의 마지막 권한인 곡물의 독점권만큼은 법으로 지키려 하였다.

독점된 곡물의 높은 가격 때문에 피해를 본 것은 도시 노동자였다. 그들은 자구책으로 곡물을 국내에서만 조달하는 법령을 철폐하고 해외에서 싼 곡물을 수입할 수 있게 해 달라는 반反곡물법 운동을 전개하였다. 정부도 선거법 개정 이후 산업 도시들의 경제가 본격적으로 활성화되는 상황을 지켜보면서 이들 경제가 창출하는 부에 매력을 느끼고 있었다. 그리하여 웬만한 관세법들을 다 폐지하고 무역의 자유를 보장하는 등 측면에서 지원하였다. 그러나 곡물법 폐지만큼은 정계에 진출해 있는 지주들이 완고하게 버텨 정부에서도 실현 불가능한 일로 여겼다.

1846년, 아일랜드에서 상상을 초월하는 흉년과 기근이 발생했다. 또한 영국 본토의 농사 역시 냉해

아일랜드 대기근으로 거리로 나선 시민들

로 평년작 이하의 수확을 거두게 되었다. 이에 의회에서 상당한 발언권을 갖고 있던 지주 출신 의원들은 기근에 허덕이는 아일랜드인의 폭도화를 막고자 곡물법 폐지를 인정할 수밖에 없었다. 곡물법이 폐지됨으로써 영국에서는 마지막 관세 품목이 없어졌으며, 본격적인 자유무역 시대가 열렸다.

곡물법 폐지로 싼 수입 곡물이 들어오자 도시 노동자들은 임금이 예전과 같아도 활용할 수 있는 금액이 상대적으로 커졌다. 이에 삶의 질이 높아졌고, 높아진 삶의 질은 일터로 이어져 상품의 질도 높아졌다. 질 좋은 상품으로 어느 나라와 경쟁해도 자신 있는 상태가 되었기에 영국 정부는 관세가 없는 자유무역 정책을 대외에 정식으

자유당을 연 파머스턴 총리

로 선포하였고, 이를 통해 재력을 쌓았다. 동시에 유럽 국가들에 정치적으로 맞설 수 있다는 자신감도 커져 입헌군주제하의 의회주의와 자유무역 정책 중심의 자유주의를 엮어 새로운 정치 체제로 굳히게 되었다. 이런 정체의 모습은 1856년에 파머스턴 수상이 자신이 소속된 휘그당을 '자유당'이라 명칭을 바꾼 데서도 잘 알 수 있다.

자유주의 정체에서는 의회주의를 통해 공동체 속에서 개개인의 자유가 보장될 수 있었고, 자유방임주의 경제와 접목되어 부富를 만들면 신분에 관계없이 누구나 평등해질 수 있었다. 자유주의 정체는 명실공히 공동체 속에서 개개인의 자유와 평등이 보장되는 방법으로 세상에 등장하였다.

미래를 여는 열쇠
Check It

🔑 **자유주의 정치 체제**

개개인이 공동체 삶 속에 있으면서도 자신만의 자유와 평등을 유지할 수 있는 방법에 가장 근접하게 한 열쇠이다.

런던
만국박람회

1846년 곡물법 폐지 이후 영국은 본격적으로 자유무역 정책을 추진해 나갔다. 특히 값싼 수입 곡물이 들어와 도시 산업 노동자들의 생활 수준에 활력을 불어넣자 상대적으로 질 좋은 물품들이 생산되었다. 이는 세계 어느 곳에서도 영국산 물품의 경쟁력이 뒤떨어지지 않게 해 주었다. 영국 정부는 이런 강력한 자유무역 정책을 과시하고자 1851년, 런던 만국박람회를 개최하였다.

만국박람회는 말 그대로 세계 산업의 발전 정도를 한자리에서 보여 주는 행사이다. 그러나 세계 최초로 열린 런던 만국박람회는 영국의 지식과 과학이 어느 정도 발전했으며, 그에 따른 부의 정도가 어떠한가를 만국(萬國)에 보여 주는 영국만의 잔치였다.

하지만 만국박람회가 갖는 효과와 의미는 영국의 의도와 다르게 나타났다. 당시 영국보다 정치적, 경제적으로 뒤떨어진 프랑스, 독일, 러시아, 미국 등이 박람회를 계기로 자본주의의 중요성을 깨달았고, 그 결과가 런던 만국박람회가 열린 지 20여 년 후부터 나타났다.

유럽 대륙에서 가장 먼저 국민에 의한 공화정을 만들었던 프랑스

1851년, 런던 만국박람회

는 1867년에 만국박람회를 개최하였으나 나폴레옹 3세가 자신의 치적을 과시하려는 박람회였으므로 효과는 크지 않았다. 그러나 1871년에 성립된 제3공화정 때 자본주의 경제 운용이 활발해지면서 결실이 나타났다. 독일은 입헌군주정으로 통일 국가를 마련한 1871년부터 재상 비스마르크의 노력으로 자본주의 경제가 본격적으로 일어났다. 미국은 남북전쟁이 끝난 1865년 이후 북쪽의 공업력과 본격적으로 시작된 서부 개척이 자본주의 경제를 활성화시켰다. 러시아는 1860년대 농노 해방과 토지 동산화動産化로 자본주의에 박차를 가했지만, 전제 왕권하에서 자본주의를 달성하려고 시도한 점이 다른 국가들과 달랐다.

결국 1851년에 열린 런던 만국박람회는 영국이 만든 자유주의 정체를 유럽 각국들에게 수출하는 박람회 역할을 했던 것이다.

국민주의
(Nationalism)
정치 체제

유럽 여러 국가들이 18세기에는 루이 14세의 절대 왕정을 흠모했다면 19세기에는 영국의 자유주의 정체를 흠모하였다. 하지만 유럽 국가들이 자유주의 정체로 들어서려면 의회주의와 자본주의라는 과제를 함께 풀어야만 했다.

두 과제를 풀어야 하는 대표적인 국가들로 독일과 이탈리아를 들 수 있다. 이들은 중세 때 황제와 교황이 정치의 중심 역할을 했기에 새로운 정치 체제 마련에 많은 어려움이 있었다. 그러나 영국과 프랑스 시민혁명의 영향, 영국의 자본주의 국가로의 도약 등을 바라보며 변화를 보이기 시작했다.

독일의 경우 영국에서 본격화된 자본주의를 보면서 관세동맹을 결성하여 게르만 연방끼리의 자유무역을 시도하였다. 이것이 프랑크푸르트 국민회의로 연결되자 독일이 하나의 통일

오토 폰 비스마르크

1871년, 베르사유 궁에서 독일 제국을 선포하는 모습

국가를 이룰 기틀이 마련되었다. 다음으로 게르만인을 하나로 묶어 줄 재상 비스마르크가 등장하여 실질적 통일이 구체화되었고, 드디어 1871년에 통일 국가가 탄생했다. 통일 독일은 왕권의 비중이 크고 의회권이 약한 입헌군주정이었지만, 국민의 염원이 없었다면 이 정도도 불가능했을 것이다. 그렇기 때문에 통일 후 국민의 잠정적인 호응 아래 자본주의도 성취되어 갔다.

한편 중세 때 신성 로마 제국이었던 독일은 19세기에 들어서 자유주의 국가들_{영국, 프랑스}보다 정치, 경제적으로 뒤떨어졌으나 통일 국가로 거듭나면서부터 다시 유럽의 중심이 되려는 꿈을 꾸었다. 독일의 꿈을 실현하려면 영국의 자유주의에 버금갈 정체가 필요했다. 다행히 민족 통일 후 자본주의가 궤도에 오르자 제대로 된 정체를 정립할 수 있었다. 즉 독일은 민족 통일이 있었기에 자본주의 달성도

가능했다는 사실을 확인한 후, 민족 보호 차원에서 국민의 이익이나 권익을 옹호하는 국민주의 정체를 성립시켰다.

독일의 국민주의 정체는 영국의 자유주의 정체와 유사하지만 약간의 차이가 있다. 영국 정부가 추구하는 자유주의 정체는 수세기 동안 발전시켜 온 자유가 기반이 된 의회주의 정체를 먼저 정립시킨 후, 자본주의를 대입해 부의 정도로 신분 계급을 타파한 평등 문제까지 다루었다. 그러나 독일 정부로서는 통일된 국가를 형성하는 것이 우선 과제였다. 때문에 그들은 게르만 민족이라는 틀을 만들고, 그 범위 안에서 게르만인은 누구나 평등하다고 먼저 강조해야만 했다. 다행히 이런 부분이 성공적으로 이뤄지자, 독일 정부는 다시 자유를 기반으로 한 의회 정치와 자본주의를 집중적으로 대입시켰다. 이것이 독일식 정체가 형성된 과정이다. 그러므로 자유주의 정체와 국민주의 정체는 모두가 공동체 속에서 자신의 자유와 평등을 유지할 수 있는 동일선상에 있지만, 정체 성립 시 활용되는 정도로 볼 때 전자는 자유가 평등보다 우선하고, 후자는 자유보다 평등에 우선한다는 차이가 있다.

미래를
여는
열쇠
Check It

🔑 국민주의 정치 체제

개개인이 공동체 속에서도 자신만의 자유와 평등을 유지하는 방법 중 민족의 통일이 우선시되어야 하는 국가들에게 제시되었다.

남북전쟁과
다음 세기의 주역(1)
미합중국

20세기의 주역인 미국은 자본주의를 받아들여 어떤 정체를 형성하고 있었을까? 미국은 정치적으로 영국의 식민지인 상태에서 독립을 이루었다. 하지만 독립 이후에도 영국과의 무역은 더욱 활성화되었고, 경제적으로 영국에 의존했다. 왜냐하면 영국은 1770년대 후반 산업혁명이 시작되면서 많은 원자재^{담배, 원면}를 필요로 했고, 미국으로부터 많은 양을 수입했기 때문이다.

1806년, 영국이 나폴레옹의 대륙 봉쇄령에 맞서서 해상 봉쇄령을 내리자, 영미 간의 경제 관계에도 문제가 발생했다. 영국은 유럽 지역의 해상에 어느 누구도 들어올 수 없다고 하였고, 미국은 유럽의 문제와 영미 간 무역을 구별해 주길 바랐다. 그 뜻이 관철되지 못하자, 결국 두 나라 사이에서 1812년에 영미 전쟁^{메디슨 씨 전쟁}이 발발했다. 이 전쟁은 나폴레옹의 몰락과 맞물려 타협점을 찾았지만, 미국은 영국에 경제적으로 예속된 관계에서 여전히 벗어나지 못했음을 새삼스레 인식하게 되었다.

이때부터 미국은 자립 경제의 틀을 만들어 나갔다. 먼저 아메리카

1812년, 영미 전쟁

앤드류 잭슨이 새겨진 20달러 지폐

가 유럽 문제에 관여하지 않을 테니 유럽도 스페인 식민지였던 라틴아메리카 신생국들의 독립에 관여하지 말라는 고립 정책인 먼로 선언1823을 선포하고, 미개척지인 서쪽 지역이나 라틴아메리카 방면으로 진출하기 위한 기반을 닦기 시작하였다. 먼로 선언에는 당시 빈 체제하에서 힘을 회복한 유럽 강대국들이 아메리카 대륙에 영향력을 행사할 것을 우려하고, 이를 미연에 방지하려는 정치적 의도가 강하게 깔려 있었다. 다행히 먼로 선언은 유럽 내 약소국들의 자유주의 물결에 고심하던 유럽 강대국들에게 쉽게 받아들여졌다. 이로써 미국의 자립 경제를 위한 움직임은 진일보하게 되었다.

먼로 선언 후 미국은 서부 출신의 앤드류 잭슨이 대통령이 되면서 연방 공화정 속에 남아 있던 영국과 연계된 보수적 색채를 버리고 미국만의 것을 추구하였다. 이는 영국에 경제적으로 의존하던 의식까지 버리게 해 주었고, 자국 내 산업 환경북아메리카 동쪽의 기술과 서쪽의 자원이 본격적으로 합쳐지는 미국 산업혁명에 큰 힘이 되었다.

북부 연방기, 에이브러햄 링컨 대통령, 율리시스 그랜트 장군

남부 연합기, 제퍼슨 데이비스 대통령, 로버트 리 장군

그럼에도 면화 생산으로 영국 면공업과 밀접한 관계가 있던 남부 지역에서는 영국 정부와의 유대가 지속되었다. 이 때문에 남쪽 지역들의 상황은 독립선언서의 정신을 이어 가던 북부 지역들과 차별성을 보였다. 또 경제적 구조로도 남부의 농업적 구조는 공업을 중심으로 급속한 발전을 보이는 북부 지역과 구별되었다. 결국 남부는 연방 상태에 있던 관계를 청산하고 분리된 국가를 구성하려는 움직임을 보였다.

남부 지방의 분리 움직임은 남북전쟁이라는 고통의 시간으로 이어졌다. 그리고 이 전쟁에서 자립정신과 공업이 발달한 북부가 승리하였다. 이를 계기로 느슨해진 연방 체제가 다시 결속되며, 공업화가 국가 전역으로 확대되었다. 또 남부에서 노동력으로 활용되던 흑인 노예들은 임금 노동자로서 철광산이나 석탄광산에서 일하게 되었다. 덕분에 철도 부설과 증기기관차 양산에 박차를 가하면서 서부 개척이 본격화되었다. 이로써 미국의 자본주의 경제는 본궤도에 올랐다.

미국은 국가 독립을 부르짖으며 연방제적 공화정을 연 시민혁명의 선구자적 국가지만, 경제적으로 열악한 위치에 있다 보니 혁명의 의미가 희석되었다. 그런 미국이 남북전쟁이라는 과정을 겪으며 자국민의 단합에 초점을 두고 연방공화제를 재점검하자 자본주의 경제의 본궤도에 오르게 되었다. 1890년대에 들어서서 미국은 고립 정책 때문에 표면적으로 드러내지는 않았지만 이미 영국의 경제력을 훌쩍 뛰어넘고 있었으며, 유럽뿐 아니라 세계에서 가장 부유한 국가가 되어 있었다. 미국이 다음 세기의 주역이 될 수 있었던 배경이 바로 이것이다.

미래를
여는
열쇠
Check It

🔑 남북전쟁
20세기에 들어서 미국이 공동체에 속하면서도 자신만의 자유와 평등을 유지하는 체제의 최대 수혜자가 되는 데 활용되었다.

공산주의와
다음 세기의 주역(2)
소비에트
연방 공화국

20세기 양대 세력의 하나인 러시아의 정체도 자본주의와 어떻게 결속되었는지 살펴보자.

러시아는 1860년대에 농노를 해방하고 자본주의를 진행시켜 나갔다. 그러나 국민을 위한 자본주의가 아니라 철저히 러시아 황실을 위한 것이어서, 마치 서유럽 국가들이 18세기에 경험한 절대 군주 시절을 연상하게 하였다. 왕실이 주관한 자본주의는 국민 대다수가 아직 종사하고 있는 농업에 무관심했다. 또 도시 노동자들에 대한 형편없는 대우 등 여러 문제점도 생기며 유럽 국가들과 비교할 수 없을 정도로 자본주의가 낙후되어 갔다.

러시아는 시간이 지날수록 산업 자본 국가 사이에서 상대적으로 빈곤해졌고, 농민들의 비참한 생활은 극을 향했다. 결국 러일 전쟁

러시아 혁명의 도화선이 된 1905년 피의 일요일 사건

연설하는 레닌

1905 중 전제 왕실을 무너뜨리는 유럽 최후의 시민혁명이 발생하였
다. 1905년 시민혁명 후, 러시아도 입헌군주정 상태로 들어갔지만,
빈곤한 생활에 찌든 농민과 노동자들만 즐비한 상태에서 자본주의
를 일으킨다는 것은 불가능했다. 때문에 당시 정부는 점진적인 개혁
만 공허하게 부르짖었다.

　그런 와중에 제1차 세계대전을 겪자 점진적 개혁도 소용이 없었
다. 결국 노동자와 농민들을 주축으로 한 일단의 무리들은 입헌군주
정이 아닌 급진적인 방법을 생각해 냈다. 그 중심에서 레닌이 마르
크스의 공산주의 이론을 통해 농민과 노동자들로만 구성된 정부를

만들어야 한다고 주장했다.

결국 농민과 노동자^{프롤레타리아} 주축의 공산주의 정부^{소비에트 연방 공화국}가 1917년에 들어섰다. 소비에트 연방 정부는 경제에 있어서도 자본주의와 차별화된 공산주의 경제를 지향했다. 특히 재산 및 생산수단의 사유를 부정하고 단일 정당^{공산당}에 의해 획일화된 계획 정책들을 수행해야 한다고 역설하였다. 다시 말해서 더 나은 삶을 위해서 자유를 포기하고 평등만 강조한 경제 정책 방향을 잡아 나간 것이다. 이런 공산주의 경제와 국민들을 이끌어 나갈 단일 정당이 결합하여 생긴 것이 바로 공산주의 정체이다. 공산주의는 레닌에 의해 모습을 드러냈고, 1930~1950년대에 스탈린에 의해 안착되었다.

만약 자본주의가 문제점을 드러낸다면 상대적으로 공산주의가 부각되므로, 다음 세기 자본주의의 주역인 미합중국에 대비될 유일한 또 하나의 주역은 소비에트 연방 공화국임을 알 수 있다.

미래를
여는
열쇠
Check It

🔑 공산주의

러시아 역시 공동체 속에서 자신만의 자유와 평등을 유지하고 싶었다. 하지만 빈곤한 농민과 노동자들만 존재하는 자국 내 현실 때문에 다른 국가들이 추구하는 체제가 불가능하다는 것을 깨닫게 되었다. 이에 러시아는 혁명을 일으키고 임기응변적인 길을 모색하는데, 이때 활용된 열쇠이다.

동아시아의 끝
한반도와
일본열도

한반도
서구에서 민주 공화정과 자본
주의가 결속된 자유주의, 국민
주의라는 정체들이 만들어지는
동안 유라시아 동쪽 끝의 상황
은 어떠했나?

원의 간섭에서 벗어난 한반도에서는 고려 말의 어수선한 사회를
통치하고자 유교 교육^{성리학}을 받은 학자 출신인 사대부 계층이 등장
하였다. 이들 중에 혼란한 고려 사회를 개선하기보다는 새로 시작하
자는 혁명 세력이 등장하여 새 왕조 개창을 추진하였다. 그 구심점
은 무관 출신 이성계였다.

이성계는 위화도에서 회군하여 쿠데타에 성공한 후 1392년에 조
선 왕조를 개창하고 태조로 등극하였다. 태조는 비록 무인 출신이지
만, 개국 초에 공신들의 학문적 성향인 유학을 중시한 체제를 구축
했다. 다시 말해서 고려로부터 단절된 국가관을 위해 새로운 사상
도입이 필요하자, 기존의 불교를 배척하고 중국 명 왕조가 추구하는
유교 중심주의를 따라 유교적 단일 사고 및 사회를 만들었다. 그러
나 개국 초 왕권 강화에 있어 걸림돌이 있었으니, 바로 신권^{神權} 정치

세종대왕

조선의 황금시대

✚ 태조 이성계 1392년, 조선 건국
✚ 태종 재위 1400~1418년, 중앙집권적 왕권주의 확립
✚ 세종대왕 재위 1418~1450년, 집현전을 통한 학문 발전, 1443년, 훈민정음 반포, 과학 기술 발전(금속활자, 궁중 악기, 천문 관측기 등), 중앙집권제 확립, 영토 확장(4군 6진 개척)

조선의 쇠퇴

✚ 당쟁과 4대 사화 유교의 폐단이 드러나다.
✚ 일본의 침략 임진왜란(1592), 정유재란(1597)
✚ 청의 침략 병자호란(1636)
✚ 학문 고증학과 실학 사상 발전
✚ 외척들의 세도 정치 1800년대 국운 쇠잔

를 주장하는 개국공신과 종친 세력이었다. 이들 세력은 태종의 강권적 왕도 정치 아래에서 전부 사라졌다. 이어 세종대왕 때 완전한 중앙집권 체제의 왕권이 성립되었으며, 조선 왕조의 황금시대가 열렸다. 황금시대는 세조의 전제 정치와 성종의 통치 체제 정비 때까지 지속되었다.

한편 조선 왕조의 유교 중심 체제는 한반도의 미래에 큰 영향을 미치게 되었다. 유교 체제가 갖고 있던 문제점은 중국 여러 왕조에서 나타난 것과 같았다. 문치주의에 너무 빠져들어 문관을 우대하고 상공업자들을 천대하였으니, 이는 경제력이 강화되어야 하는 근대 자본주의의 보편적 성향에 역행하는 결과를 가져왔다. 뿐만 아니라 현실적 이해득실에 관심을 갖는 사대부 중심의 정치 체제에서 당쟁이 유발되었으며, 당쟁은 국가 경쟁력을 저하시키는 주된 요인이 되었다. 조선은 임진왜란, 정묘호란, 병자호란 등 국가의 안위에 화급을 다투는 상황에서조차 격화된 당쟁 때문에 치명적인 손상들을 입었다. 영조, 정조 때 회복의 노력이 있었음에도 당쟁의 정도

는 더욱 심화되었고, 궁극에는 대외 세력에게 국가의 존망을 맡기는 운명에 처했다. 이런 상황이라면 국민의 자유와 평등 문제는 거론될 여지조차 없어 민권이 약화되었음은 자명하며, 한반도의 미래 또한 불투명했다. 그리하여 조선 말에는 쇄국 정치, 일제 강점의 역사가 이어진다.

일본열도

일본열도에서는 무로마치 막부의 소규모 자치 국가들이 다투던 전국戰局 시대가 오다 노부나가와 도요토미 히데요시 그리고 도쿠가와 이에야스를 거치면서 종식되고, 통일된 막부가 탄생했다. 이 과정은 정치적으로 무척 혼란스러워 보이지만, 전국 시대 다이묘들은 대등한 위치에서 경제적, 사회적으로 활발히 교류하여 별 무리 없이 하나가 될 준비가 되어 있었다. 동시에 그들의 의식도 교류의 중요성을 인식하는 형태로 각인되어 있었다. 때문에 포르투갈, 네덜란드 등과의 대외 교류도 활발해져 있었다. 그러나 문화적 교류는 정치적 혼란 속에서 답보되어 중국이나 한반도의 문화에는 크게 미치지 못하였다.

도쿠가와 이에야스

메이지 천황

임진왜란 때 일본이 한반도의 많은 문화재를 수집하고 장인들특히 도자기공을 데려간 것으로도 이를 알 수 있다.

도쿠가와 막부는 일본열도가 통일되자 곧 쇄국 정치를 시작했는데, 이는 일본인의 의식과 환경을 재설정하는 데 결정적인 시기였다. 도쿠가와 정부가 쇄국 통치를 함으로써 자유롭던 대외 교류가 차단당하자, 도리어 서구 문물의 필요성과 그에 대한 관심도가 더욱 커졌다. 19세기에 접어들자 이런 일본인의 의식에 서유럽 국가들이 장단을 맞추듯 문을 계속 두드렸다.

1853년, 미국의 페리 제독에 의해 쇄국의 문이 열리자, 일본인은 기다렸다는 듯이 서구 문물을 받아들였다. 도쿠가와 막부가 무너지자 천황의 위치가 다시 높아지면서 일본은 그의 관심 속에서 쉽게 서구 자본주의 체제로 변모하였다.

1868년에 다시 친정을 하게 된 메이지 천황은 개혁을 단행했다. 그 스스로가 개혁의 주체였기에 '메이지 유신'이라고 한다. 이렇게 하여 일본열도는 다른 동아시아 국가들중국, 한국과 달리 자본주의 궤도에 제대로 진입하였고, 나름대로 서유럽의 미래와 비슷한 설계를 할 수 있었다. 그러나 신도神道 사상과 결부된 천황의 재등장, 그를 맹목적으로 인정하는 일본인의 사고는 서유럽이 추구하던 개인의 자유 및 평등과는 너무나 동떨어져 보인다. 결국 일본은 고대적 천황 제도와 근대적 자본주의가 합쳐져 서구형도, 동양형도 아닌 독특한 정체를 갖추게 된다.

일본 정치의 변천

+ 소다이묘 시대
+ **오다 노부나가**(1534~1582) 무로마치 막부 해체
+ **도요토미 히데요시**(1537~1598) 1583년 동서 통일 후 정권을 열다. 임진왜란, 정유재란으로 조선 침략
+ **도쿠가와 이에야스**(1543~1616) 1603년 도쿠가와 막부 개창, 쇄국 정치, 국내 통합 완성, 1853년 개항, 1867년 막부 멸망
+ **메이지 천황**(1852~1912) 1868년 메이지 유신, 서양 문화 수입

미래를 여는 열쇠
Check It

🔑 **당쟁과 메이지 유신**

당쟁은 한국이 자유주의 정체나 국민주의 정체를 갖는 것을 막았다. 메이지 유신은 이들 정체를 일본에 왜곡되게 정립시키는 데 사용되었다.

경제
중심의
현대

★ ★ ★

인간의 자연권인 자유, 평등을 부르짖기 시작한 17세기부터 몇 백 년의 역사가 지난 19세기 말은 역사 속에 새로운 초점이 잡힌 시기이다. 고대만큼 토지의 중요성이 강조되지 않았지만 중세, 근대를 거치면서 줄곧 토지를 중심으로 존속해 온 왕, 귀족, 평민 등의 신분 및 계급의 흔적^{특히 동양에서는 토지 중}에 변화가
^{심의 사회가 2천여 년을 지속하였기에 더욱 신분 계급 사회의 뿌리가 깊다}
온 것이다. 다시 말해서 토지 중심의 신분과 계급이 산업혁명 이후 중요하게 다뤄지기 시작한 경제와 화폐로써 만들어진 부富의 정도를 통해 철저히 붕괴되었다.

여기까지만 언급한다면 경제는 신분과 계급의 흔적을 지워 인간이 평등을 획득하는 데 결정적인 매체이며, 동시에 이로써 역사가 추구하던 궁극적 목적이 달성된 듯 보이기도 한다. 그러나 부의 정도가 기존 신분과 계급의 흔적을 지웠을지 모르지만, 가진 자와 못 가진 자^{자본가와 노동자} 계급을 다시 만들었다. 이때부터 자본가의 본질인 부의 축적, 갖지 못한 자들의 불만과 그에 따른 행동이 나타남으로써 새로운 역사의 장이 열리게 되었다. 이는 지금의 우리와 밀접한 관계가 있다. 그렇다면 현대의 역사 테마는 '경제 중심의 현대'라 표현할 수 있으며, 20세기로 들어오면서 그런 특색이 두드러져 보임을 알 수 있다. 21세기를 넘긴 지 햇수로 15년, 지금도 이 굴레를 벗어나지 못하고 있으며 더 심화되는 듯하다. 이런 역사의 흐름을 살펴본다.

★ ★ ★

새로운 계급

유럽에서는 인간의 자유와 평등을 부르짖던 18세기와 자유와 평등을 실천할 수 있는 자유주의, 국민주의 정체가 마련된 19세기를 거치면서 역사 속에서 '함께 그리고 누구나 자유와 평등할 수 있는' 현실적인 방법이 제시되었다. 그러나 자유주의와 국민주의 정체를 형성하는 데 큰 비중을 차지하는 자본주의는 누구나 자유롭게 부富를 축적하면 평등해질 수 있다는 점만 강조하였지, 부의 경중輕重이 만든 부르주아자본가 계급와 프롤레타리아노동자 계급 사이에서 생기는 자연권자유, 평등의 소외 문제는 간과하였다.

자본주의에서는 소수의 자본가 계급이 다수의 노동자 계급에게 화폐임금를 지불하는 방식으로 실질적인 권력금권력, 金權力을 행사하고 있었다. 자본가의 금권력 때문에 노동자가 느끼는 부자유와 불평등은 과거 전제 군주 때 이상이었다. 사실 자본가나 노동자 모두 시민혁명 시기에 고귀한 피를 흘려 자연권을 찾았는데, 이제는 생계와 직결된 임금 때문에 자본가에게 노동자의 자연권이 박탈당하고 있는 것이다.

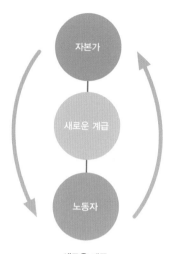

새로운 계급

　이렇듯 새로운 계급 형성 때문에 다시 문제가 된 인간의 자유와 평등을 해결할 수 있는 답안에는 두 가지가 있다. 하나는 부르주아가 프롤레타리아에게 자신의 이권을 많이 넘겨줌으로써 서로가 자유와 평등을 나누는 것이다. 하지만 이권을 많이 남기는 것이 자본가의 생리인 이상 이런 방법은 불가능해 보인다.

　다른 하나는 프롤레타리아가 부富를 쌓아 자신의 자유와 평등을 회복하는 것인데, 이 방법도 자본가가 없어지지 않는 한 불가능해 보인다. 물론 마르크스의 공산주의 이상이 표현된 공산당 선언1848을 필두로 20세기 초 러시아에 실질적으로 들어선 공산주의 국가를 통해 자본가 없는 프롤레타리아만의 사회가 실현 가능하게 되었다. 하지만 공산주의도 70여 년 만에 스스로 무너졌다.

여기서 짚고 넘어갈 것이 있다. 고귀한 피를 흘려 가며 '함께 그리고 누구나 자유와 평등할 수 있는 무엇'으로 찾은 자유주의와 국민주의 정체는 자본주의하의 자본가와 노동자가 없었다면 정체로서의 성립이 불가능했다. 자본가가 없어진다면 자본주의가 없다는 말이며, 더 나가서 자유주의와 국민주의 정체가 사라지고 그동안 인간이 흘린 고귀한 피는 헛된 것이 되고 만다. 그러면 지금까지 살펴본 역사는 어떻게 되는 것인가?

결국 위에서 가능성을 놓고 생각한 방법들은 실제로는 모두 불가능하다고 보아야 할 것이다. 그렇다면 '함께 그리고 누구나 자유와 평등할 수 있는 체제'가 부르주아와 프롤레타리아의 문제에서 좌절되어야 하는가? 새로운 해결책은 없는가?

미래를
여는
열쇠
Check It

🔑 부르주아와 프롤레타리아
자유주의와 국민주의가 민주주의의 완성된 모습이 아니라는 점을 일깨워 준다.

제국주의

빈부의 차이로 인해 부르주아와 프롤레타리아라는 계급이 생긴 것처럼 국가 사이에도 부를 축적한 선진국과 그렇지 못한 후진국이 생겼다.

1870년대 이후 자본주의 경제의 본궤도에 오른 유럽 선진국 간에는 공급 과잉이 생겨 서로의 상품을 유럽 내에서 소비할 곳이 없어지자 아시아나 아프리카로 소비 시장을 개척하기 시작하였다. 특히 부富의 정도가 '누가 시장을 많이 개척하고 소유하고 있느냐'로 판가름나고 보니 자유무역 경쟁보다 자국 시장과 자본을 보호하는 보호무역 경쟁이 커졌다. 이에 따라 아시아와 아프리카는 유럽 국가들의 각축장이 되었다.

특히 중국은 소비 시장 개척에 있어 대표적인 각축장이었다. 북쪽에는 러시아와 일본, 동북부에는 영국과 독일, 동남부에는 영국과 프랑스 등이 조차지租借地를 마련하고, 그들의 경제적 이권을 최대한 획득하려 하였다. 그러다 보니 각국 간의 외교적 긴장감이 중국 본토 내에서 고조되었다. 청일 전쟁, 의화단과 북경사변, 러일 전쟁 등 굵직한 사건이 전개되는 가운데 서로 간의 마찰이 커지면서 그 영향

수에즈 운하

력이 유럽까지 이어졌다.

　당시 아프리카는 시장 그 자체보다 원활한 상거래를 위한 전략적 거점 확보와 원료 공급지로서의 매력이 있었다. 전자의 대표적인 경우는 지중해와 인도양을 잇는 이집트 수에즈 운하를 둘러싼 영국과 프랑스의 대립이었고, 후자의 경우는 영국의 종단 정책과 프랑스의 횡단 정책 그리고 이 두 정책이 충돌한 파쇼다 사건, 독일과 프랑스 사이에 두 차례에 걸쳐 발생한 모로코 사태가 같은 맥락이라 볼 수 있다. 결국 소비 시장, 전략적 거점, 원료 공급지 등과 같은 이권을 위

파쇼다 사건 아프리카에서 벌어진 영국과 프랑스의 제국주의적 충돌

제1차 세계대전 당시 진군하는 프랑스 보병

해 유럽 선진국들이 아시아와 아프리카에서 벌인 각축은 제1차 세계
대전 혹은 제국 전쟁Imperial War이라 불리는 엄청난 고통의 시간을 낳
았다.

　여기서 19세기 자본주의를 지향한 유럽 선진국들의 식민지 정책
을 잠깐 분석해 보자. 16~17세기 상업주의를 지향한 스페인은 원자
재를 얻기 위해 식민지를 정치적으로 지배하는 형태의 정책을 구사
했다. 이와 달리 19세기에는 후진 지역의 정치, 경제, 사회 분야를 어
느 정도 개화시키고, 개화된 후진국에서 상품의 필요성을 느끼고 시
장이 형성되면, 선진국이 자국의 상품을 파는 형태로 바뀌었다. 이
과정에서 유럽인들은 18~19세기 동안 부르짖고 획득한 인간의 자
연권 의식을 아시아나 아프리카의 후진국 국민들에게 자연스럽게
전달해 주게 되었다. 당시 아시아에는 강력한 전제 군주가 존재하고

있었기에 국민들이 받아들인 자유, 평등 의식은 쉽게 행동으로 나타
날 수 없었다. 하지만 시장이 활성화되면서 행동으로 옮길 수 있는
공감대가 어느 정도 형성되고 있었다. 아프리카에서는 16~17세기
때처럼 원료 공급지로서만 관심이 있다 보니 대체적으로 자유, 평등
의식을 갖지 못한 미개 상태가 지속되었고, 북부 지역^{이집트}만큼은 아
시아와 비슷한 변화의 조짐을 보였다.

**미래를
여는
열쇠**
Check It

🔑 제국주의

아시아나 아프리카 대륙 내 국가들에게 인간 자연권의 필요성을 인식시
키는 데 활용되었다. 특히 아시아는 19세기 말까지도 전제 군주의 통치가 일
반적이던 지역이었다.

윌슨 14개조와 국제연맹

경제적 이권을 추구하던 유럽 선진국들이 주축이 되어 일으킨 제1차 세계대전이 막을 내린 1918년, 미국 윌슨 대통령은 세계인의 의식에 큰 변화를 주는 14개조 선언하우스 대령이 기초을 의회에 보내는 대통령 교서로 발표하였다. 물론 14개조는 제1차 세계대전과 같은 비극이 다시 일어나지 않아야 한다는 다짐을 세계에 알리기 위한 일련의 조치였지만, 몇 가지 세부 내용의 의미는 미국의 경제적 이권을 위한 것임을 알 수 있다.

첫째, 공정한 국제 통상무역 조건의 평등과 해양의 자유를 주장한 것은 비밀 외교 방식을 선호하던 유럽 선진국들의 경제 방식을 지적한 것이다. 그러나 미국의 입장에서 보면, 그동안 경제 외교에서 소외되었던 미국이 유럽 선진국들과 경제적 이권을 함께 추구해 나가기 위한 합법적인 방법의 구축이었다. 둘째, 제1차 세계대전의 핵심 원인이었던 식민지 문제의 공평한 해결과 각 민족의 자결自決을 주장 하였다. 이 또한 미국의 입장에서는 자결권을 내세워 독립하는 국가들을 지지함으로써 유럽 국가들의 기존 시장 정책을 제한하는 동시에 무력이 배제된 합법적인 방법으로 세계 시장에 참여하려는 의도가 깔려 있는 것이다.

우드로 윌슨

그중에서 윌슨의 민족자결 선언은 선포되자마자 아시아, 아프리카 등지에서 민감한 반응을 불러일으켰다. 사실 유럽 선진국에 의해 식민지적 지배나 간섭을 받아오던 아시아나 아프리카 국가들은 자유와 평등에 관한 의식이 고양되어 있었고, 그런 의식에 윌슨의 민족자결이 불을 붙인 것이다. 일본의 지배를 받고 있던 한국이 부르짖었던 3·1 독립운동, 중국의 5·4 운동, 영국에 대한 이집트와 인도 등의 독립 요구가 그것이다.

여기서 짚고 넘어갈 것은 시민혁명은 17~18세기에 영국, 미국, 프랑스에서 정치적 문제와 얽히면서 먼저 일어났고, 19세기에는 유럽 전역으로 퍼졌는데, 이제는 경제적인 문제와 얽혀서 유럽 이외 지역^{아시아나 아프리카}으로까지 확산되기 시작했다는 점이다.

한편 윌슨이 14개조 선언에 언급한 '대, 소국가들에 똑같이 정치적 독립 및 영토 보존의 상호 보장을 줄 목적을 위한 특별한 협약 아래 일반적 국제기구를 조직할 것'이라는 부분에 전후 강대국들의 초점이 맞추어지면서 탄생한 국제기구가 바로 국제연맹이었다. 물론 국제연맹은 미국만의 주장으로 탄생한 것이 아니다. 당시 영국 수상 로이드 조지는 1918년 초에 이미 "어떤 국제 조직을 건설함으로써 군비의 부담을 제한하고 전쟁 가능성을 줄여야만 한다."라고 하였다. 결국 기존 국제 관계의 큰 축인 영국과 새로운 축인 미국의 생각이 서로 맞아떨어진 것이다.

국제연맹의 주된 활동 범위는 전쟁 방지와 국제 분쟁의 평화적인 해결이었지만, 핵심 구성원이 유럽 국가들^{베르사유 체제}이고 보니 자신들의 영토적, 경제적 이권 획득에 더 관심이 높았다. 다시 말해서 유럽 강국들은 19세기 말 제국 시대의 영광을 되찾으려는 움직임으로 일관하고 있었던 것이다. 이런 모습은 마치 19세기 초 나폴레옹에 의해 와해된 유럽 국가들이 절대 왕정으로 복귀하면서 그들의 정치적 이권을 챙겼던 빈 체제와 흡사해 보였다.

유럽 제국들이 아시아와 아프리카에서 각축을 벌이던 19세기 말, 사실상 미국에서는 어느 유럽 제국들보다도 산업화가 활발히 진행되고 있었다. 하지만 1830년대의 먼로 선언^{고립 정책}을 선뜻 깨뜨릴 수 없던 상황이었기에 조심스레 제국의 각축장으로 문을 열고 들어섰

국제연맹이 출범한 스위스 제네바의 윌슨 궁

다. 그것은 국무장관 헤이J. Hay가 1899년과 1900년 두 차례에 걸쳐
문호 개방 정책Open-Door Policy을 선언한 것이다. 그러나 문호 개방 정
책 선언이 당시 열기에 차 있던 각축장에서 의미 있게 받아들여지기
에는 역부족이었다.

　제1차 세계대전 후에도 제국주의 각축의 모습이 되풀이되려 하자
자칫 문호 개방 정책 선언 때처럼 미국의 위치를 제대로 찾지 못할
까 하는 우려가 미 상원에서 나타났고, 이에 연맹에 가입하는 것을
부결시켰다. 그러나 냉철히 판단해 보면, 미국도 자신의 경제적 이
권에 민감한 반응을 보이면서 유럽 제국들과 별반 다르지 않은 제국

주의적 행동을 한 셈이었다.

이렇게 하여 국제연맹은 각국의 경제적 이해관계에 얽히면서 출발부터 불안하였다. 그럼에도 지구에 사는 모든 사람들의 공동 문제인 자유와 평등을 민족 단위를 넘어서서 국가 단위로 논의할 국제기구의 모습이 가시화되었던 것은 국제연맹의 공功으로 인정할 부분이다.

1929년,
대공황

제1차 세계대전이 막을 내리자 유럽은 전승국과 패전국 모두가 경제적으로 황폐해졌다. 유일하게 경제적 활력을 찾은 곳은 대서양 건너에 있던 미국뿐이었다. 미국도 제1차 세계대전 중에 많은 인명 피해와 경제적 손실을 입었지만, 미국 본토는 전쟁의 직접적인 피해가 없었다. 또한 군수품을 대량으로 만들어 낼 수 있는 후방의 역할을 하다 보니 도리어 경제적 도약을 맞게 되었다.

전쟁이 끝나자 미국은 세계 경제를 독점할 수 있었고, 도스 안 Dawes Plan, 영 안 Young Plan 등 무제한적인 재정 원조를 통해 전쟁으로 황폐해진 유럽 국가들의 경제를 회생시켜 주는 역할까지 하게 되었다. 이런 미국의 경제적, 재정적 원조 뒤에는 자본주의 원칙이 그대로 적용되었는데, 그것은 유럽국이 회생回生하면 세계 시장이 다시 살아나고 동시에 미국 경제에도 큰 도움이 될 것임을 계산하고 있었던 것이다.

미국의 계산처럼 유럽 각국의 시장 기능이 되살아났다. 그 여파로 1928년에는 미국 내 경기가 최고조에 다다라 호황 국면에 이르

대공황 때 은행 앞에 모여든 사람들

게 되었으며, 이런 호황에 대한 미국 정부의 과대평가는 상품의 과
잉 공급으로 이어졌다. 그러나 회생하던 유럽 국가들도 상품을 다
시 생산하면서 미국을 위한 일방적인 시장 역할을 하는 입장에서 벗
어나기 시작했다. 때문에 미국에서는 상품 공황의 조짐이 보이기 시
작했다. 한편 1920년대 미국 경제의 호황 뒤에는 농산물의 과잉 생
산으로 인한 만성적인 농업 불황과 기술의 발전으로 인한 실업 증대
가 있었다. 또 주식시장이 과열되고 거품 현상까지 보였다. 이런 것
들이 얽혀 드디어 미국에서 1929년 10월 24일 대공황이 일어나고
말았다. 대공황이라 불리는 이유는 단순히 과잉 생산으로 인한 상품
공황이었던 것이 아니라 농업, 금융, 통화에 이르기까지 광범위하게
일어난 공황이었기 때문이다. 장기적이었던 점에서도 대공황이라 불린다

콜호스 농민들이 협동하여 경영하는 집단 농장

미국의 대공황은 한 나라의 해프닝으로 끝날 수 없을 만큼 세계 경제에 치명적인 영향을 주었다. 비록 유럽 주요국들이 전후에 경제 회생을 하고 있었지만, 대부분이 미국의 재정적 도움이 없이 스스로 움직일 수 있는 상태는 아니었다. 그러다 보니 미국의 대공황으로 각국들도 공황 상태에 들어갔고, 미국의 도움이 끊어진 상태에서 자체적으로 생존할 수 있는 전략을 마련할 수밖에 없었다. 생존 전략은 바로 자급자족론을 바탕으로 하는 블록 경제였다. 영국의 스털링 ^{파운드} 블록이나 프랑스의 금 블록은 그들의 화폐를 쓰고 있던 식민지나 자치 지역들을 중심으로 경제적 생존 전략을 짠 경우이다. 패전국이었던 독일은 전승국들의 간섭을 받고 있어 영국, 프랑스와 같은 화폐 블록이 불가능했으므로 게르만족이면 누구나 뭉치자는 민족주의적 호소로 광역 경제권을 형성하여 자급자족화하였다. 이때 나타난 것이 히틀러에 의한 나치즘이다. 소련의 경우는 다른 국가보다 산업화 정도가 너무 미약해서 자급자족할 수 있는 방법이 농업 경제화밖에 없었다. 그 결과 스탈린 때 콜호스Колхоз, 집단농장, 소프호스Совхоз,국영농장와 같은 방식을 통한 생존 전략을 마련하게 되었다.

이런 블록 경제화는 당시 지속되던 자유무역과 반대의 입장으로, 자국만 보호하면 되는 보호무역의 모습이었다. 결국 블록화는 각국들의 각축 요소가 되어 제1차 세계대전 이전 제국주의 시기와 별반 다르지 않은 모습을 연출하게 되었다. 만약 국제연맹에 이들 국가들의 각축을 조절해 줄 기능이 있었다면 상황은 달랐을 것이다. 불행히도 국제연맹에는 그런 기능이 없었고, 인류의 역사는 새로운 세계대전을 통한 고통의 장을 시시각각 기다릴 수밖에 없었다.

미래를 여는 열쇠 Check It

🔑 대공황

각 나라가 경제라는 틀 안에서 서로 얼마나 관계가 얽혀 있는지 보여 준다. 각국은 자유, 평등 문제를 해결하는 데 경제 부분을 배제할 수 없음을 알고 있었다. 그렇다면 금융 대공황은 각 국가의 자유와 평등 문제를 확실히 해결하려면 지구촌이란 공동체 속에서 다뤄야 한다는 점을 인식시켜 준 열쇠이기도 하다.

관리 경제 정책

시민혁명이 한창 진행 중이던 18세기, 애덤 스미스는 새로운 의미를 역사 속에 표현하고 있었다. 그것은 자유주의, 국민주의 정체政體를 위한 기초석인 자유방임주의 경제 이론이었다.

스미스의 자유방임주의 경제가 한계를 보인 것은 19세기 말 제국주의 시기에 보호무역이 성행하면서부터였고, 1930년대 세계 대공황 시기를 맞으면서 공공연하게 수정할 필요성까지 제기되었다. 이런 상황에 적합한 경제 이론을 전개한 사람이 바로 존 메이너드 케인즈였다. 그는 자유방임주의가 지켜지려면 국가가 일단의 간섭을 해야 한다고 주장하며 국가에게 경제 활동을 직간접

애덤 스미스와 존 케인즈(오른쪽)

뉴딜 정책에 사인하는 루스벨트

적으로 관리할 수 있는 합법성을 부여하는 수정 자본주의 경제 이론
을 소개하였다.

　수정 자본주의 이론을 정책화시킨 것이 관리 경제 정책이다. 이
정책의 대표적인 사례가 미국의 뉴딜 정책이다. 미국이 대공황으로
고통받던 당시, 루스벨트에 의해 정부 차원에서 테네시 강 유역을

개발하며 많은 사람들을 고용하게 되었다. 고용된 사람들은 임금을 받았고, 그 임금으로 내수 시장이 활성화되면서 문을 닫았던 제조 공장들의 기계가 다시 돌게 되었다. 이로써 미국의 공황은 점차 회복되었으며, 뉴딜 정책은 철저히 국가 관리하에 이루어진 관리 경제 정책의 대표적인 성공 사례가 되었다.

　관리 경제 정책이 이렇게 선을 보이자, 세계 각국은 자국에 맞는 형태로 이 정책을 바꾸어 활용하였다. 그동안 자본가가 노동자들을 움직이는 것이 보편적인 경제 운용 방법이었고, 국가는 그런 경제 운용을 위한 정치적 보호막이 되는 것이 주된 역할이었다. 이제는 관리 경제 정책을 통해 정부가 경제 전반을 운용하면서 정치적 보호막 역할도 하게 되었다. 결국 자본가와 노동자 계급 사이에 생긴 자유와 평등에 관한 문제가 정부의 영역으로 넘어가게 되었다.

　관리 경제 정책을 채택한 자유주의 국가들은 풀리지 않는 자본가와 노동자 간의 대립 문제에 대한 해결책으로 사회 민주주의에 관심을 갖게 되었다. 이는 사유재산제 폐지, 생산 수단과 재산의 공유 및 공동 관리 등을 통하여 자본주의가 만든 여러 가지 모순을 해소하고 평등하게 조화를 이루는 사회를 실현하려는 사상인 사회주의Socialism에서 파생된 것이다. 구체적으로 정부가 산업체를 관리하는 국영화와 모든 국민의 평등을 위한 '요람에서 무덤까지'라는 사회 보장 등을 제시하여 자본가와 노동자 계급 간의 문제를 정책적으로 풀어 나갔다. 이 방식은 제2차 세계대전 후 영국에서 노동당에 의해 시행되었고, '북유럽식 사회주의' 또는 '복지 사회주의'라 불린다.

사회 민주주의는 전후 50여 년간 유럽국들의 시험대에 올라 있었으며, 여러 면에서 실패의 조짐도 보였다. 하지만 영국의 사회학자 앤서니 기든스가 장단점을 보완하여 발표한 '제3의 길' 이론과 함께 21세기로 넘어오면서 각국 정책 입안자들의 관심을 다시 끌기도 하였다.

미래를
여는
열쇠
Check It

🔑 관리 경제 정책

자유주의 정체에서 풀리지 않는 자본가와 노동자 간 대립 문제에 대한 해결 방법의 하나로 제시되었다.

네 번째
동서 문화 교류
항공로

프랑스에서는 18세기부터 왕이 장려하여 귀족들이 파티 때 하늘에 기구를 띄우곤 하였다. 19세기에는 지방 시장이나 국제박람회에서도 종종 기구가 띄워졌다. 그러다가 다임러 Gottlieb W. Daimler가 가솔린 엔진을 발명한 뒤 19세기 말에는 이 엔진을 기구와 연결시킨 비행선이 탄생했다. 1899년에 발동기가 달린 비행선이 건조되었고, 3년 뒤에는 브라질의 산토스 듀몽 Santos Dumont이 생클루에서 에펠탑까지 비행하는 데 성공했으며, 독일의 체펠린 백작은 골격이 알루미늄으로 된 대규모 비행선을 만들어 1906년 비행에 성공하였다.

비행선의 발명에 자극을 받은 많은 학자와 기술자들이 공기보다 무거운 발동기를 단 비행기 제작을 연구했다. 드디어 1903년, 라이트 형제가 비행기의 첫 모습인 가솔린 엔진을 장착한 글라이더를 비행시키는 데 드디어 성공했다. 1909년, 프랑스 비행사 루이 블레리오는 프랑스 칼레에서 영국 도버로 이어지는 영불 해협을 비행기로 횡단함으로써 다가오는 항공 시대의 여명을 알렸다. 그러면 항공 시

에펠탑을 지나는 듀몽의 비행선

V1 로켓

대가 갖는 역사적 의미는 무엇인가?

지리상 발견 이후 제해권을 누가 장악하느냐가 전쟁의 승패를 가름했다. 같은 맥락에서 제1차 세계대전 역시 제해권 싸움이었다. 대표적으로 당시 독일이 영국 함대를 제압하려고 무제함 잠수함 작전을 펼쳤던 것을 들 수 있다. 그러나 전쟁은 해상에서만 이뤄진 것이 아니었다. 비행기도 공중에서 나름 전투기의 역할을 톡톡히 해냈다.

비행기는 제2차 세계대전 때 비약적으로 발전했다. 대표적인 것이 폭격기이다. 폭격기의 등장으로 유럽 전역이 전쟁터가 되었고, 피해도 막심하였다. 전쟁 끝 무렵에는 무인 로켓 미사일 V1, V2까지 독일 기술로 발명되면서 20세기 후반의 새로운 우주 시대까지 예고하였다.

초기 여객기

　제2차 세계대전이 끝나고 평화의 시대가 오자 전쟁 도구로 사용되던 비행기의 역할이 바뀌었다. 대표적인 것이 폭격기를 개조하여 만든 여객기 또는 수송기의 발달이었다. 당시 대량으로 사람이나 물자를 움직이는 데에는 여객선이 편리했지만, 여객선으로 이동할 때의 시간은 여객기와는 비교가 되지 않을 정도로 오래 걸렸다. 또 제2차 세계대전 중 나온 로켓을 활용하여 제트 엔진이 발명되자 동서양은 적어도 하루, 이틀 정도의 생활권에 들어가게 되었다.

　이렇듯 항공 교통의 편리함 때문에 물자 수송이 원활해져 국가 간 무역에 새로운 시대가 열렸고, 관광 사업이 활성화, 대중화되었다. 특히 관광은 상대국의 문화를 엿보기에 가장 쉬운 방법이다. 서로 우호적인 교류를 통해 민족 중심의 의식을 초월한 '인간은 똑같다'라는 인류 의식이 깨어나게 만들었다. 항공 시대의 개막은 그동안 교류되던 동서양 간 문화의 폭을 양방향에서 동시에 좁혀 나가게 하는 역할을 하였다.

미래를 여는 열쇠
Check It

🔑 항공로

동양과 서양 국가 간에 보이던 자유주의 및 국민주의 정체의 격차를 좀 더 줄어들게 하는 열쇠이다.

국제연합

인류라는 공동체 의식이 항공로를 통한 동서 문화 교류의 폭이 줄어들면서 생긴 것이라면, 인류가 단합된 모습을 실질적으로 세상에 보인 것은 국제연합 창설 때부터이다. 국제연합의 뿌리인 국제연맹은 세계 기구로 출발할 수 있는 조건들을 다 갖추었음에도 민족 국가로서의 고정관념을 깨뜨리지 못했다. 때문에 국제연맹은 중립의 입장에서 국제법적인 제재력이나 국가 간 마찰 중재 등의 역할을 수행하지 못하고, 대공황이나 제2차 세계대전과 같은 국제적인 대참사를 방관할 수밖에 없었다. 제2차 세계대전을 치르면서 이런 점을 뼈저리게 느낀 세계 각국은 국제연맹의 문제점을 보완하는 이상적인 기구를 준비하게 되었는데, 국제연합이 바로 그것이다.

미국도 국제연맹 때의 전철을 밟지 않으려고 국제연합 결성에 최선을 다하였다. 사실 미 정부는 제1차 세계대전 직후 국제연맹에 가입하지 않고 단독으로 대외 경제 정책을 운영하다가 생긴 대공황의 교훈을 잘 기억하고 있었다. 특히 국가의 이권이 담긴 전후 처리 문

국제연합

제가 걸림돌이 될 수 있었다. 미국 정부는 이를 얄타나 포츠담 회담을 통해 풀어 나가고, 국제연합에서는 미래 문제만 다루려 했기에 국제연맹 때와 달리 미국 상원의 전폭적인 지지를 얻었다.

미래 문제의 초점은 루스벨트의 1939년 의회 연설에서 윤곽이 드러난다. 연설에서 루스벨트는 "바야흐로 인류의 생존을 위하여 우리의 가정뿐 아니라 우리의 교회, 우리의 정부, 우리의 문명, 그 자체의 토대가 되는 신앙과 인간성의 교리를 지켜 나갈 각오가 없어서는 안 될 때가 닥쳐오고 있다."라고 피력하였다.

1941년, 영국 수상 윈스턴 처칠과 미국 대통령 루스벨트가 대서양의 뉴펀들랜드 오고스타 만의 선상에서 5일간8월 9~13일 회의를 한 뒤, 14일에 전후 세계 질서에 대하여 8개조의 평화 조항으로 이루어진 구상을 발표하였다. 이를 대서양 헌장이라고 하며, 국제연합의

대서양 헌장을 만들던 선상에서 처칠과 루스벨트

주요 원칙이 되었다. 대서양 헌장은 제2차 세계대전의 뒷마무리를
하는 것보다 미래의 국제 사회를 어떻게 건설해 나갈 것인가에 초
점을 두었다. 명실공히 민족 중심 국가 개념보다 초국가적 개념으로
국제 문제를 다루는 기구가 대서양 헌장과 함께 세계 속에 등장한
것이다.

이렇게 설립된 국제연합은 전쟁 직후 미국의 부와 합치되어 그 뿌
리를 단단히 내렸다. 당시 미국의 부가 어느 정도인가 살펴보자. 미국
은 대공황으로 세계가 각자 생존 전략을 펼치던 1930년대에 뉴딜 정
책으로 유일하게 경제 회복을 이루었다. 또 제2차 세계대전 때도 진
주만 습격을 제외하면 본토가 전쟁의 직접적인 피해를 입지 않았으

며, 후방 지원국의 역할을 확실하게 했기에 전후 유일한 경제 대국이 되었다. 1930년대 미국 연방 예산은 70억 내지 80억 달러였다. 그런데 1942년에는 340억 달러, 1943년에는 790억 달러, 1944년에는 950억 달러, 1945년에는 980달러에 달하게 되었다. 이런 방대한 예산에 미국 제조업자들이 절대적 호응을 보냈고, 1945년 미국 상품화 서비스의 총액은 무려 2,150억 달러에 달했다. 1945년 총생산은 1939년보다 3분의 2가 많았고, 이는 세계 경제 발전 사상 유례가 없는 일이었다.

국제연합의 의미는 미국과 연관을 짓지 않더라도 특별하다. 그동안 공동체 안에서 개개인이 자유와 평등을 누리기 위한 방법이 18세기에는 영국, 프랑스 등 유럽 몇 개국에 뿌리내리는 데 그쳤으나, 19세기에는 유럽 전체로 퍼졌다. 이어서 20세기 초에는 아시아, 아프리카로 영향력을 미쳤고, 20세기 중반에 들어 국제연합의 창설로 이어졌다. 드디어 세계라는 지구촌 공동체 안에서 인류가 각자의 자유와 평등을 추구할 수 있는 체제 성립의 가능성을 보여 준 것이다.

미래를 여는 열쇠 Check It

🔑 국제연합

인류가 지구 공동체 안에서 각자의 자유와 평등을 추구할 가능성을 보여 주었다.

냉전 체제
(이데올로기)
동서문제

19세기 자유주의, 국민주의 정체가 성립하는 데 큰 역할을 한 자유방임 경제 정책이 문제점을 보이면서 1930년대에 관리 경제 정책으로 수정되었다. 이 정책은 각국의 경제 구도를 변화시키고, 정치, 문화 등 통합 사고의 틀에도 변화를 주게 되었다.

이러한 변화를 중심으로 두 체제^{이데올로기}가 형성되었다. 하나는 주권이 국민에게 있는 정부에서 시장 메커니즘을 인정하되 계획적으로 경제를 관리하는 '민주주의' 체제이다. 다른 하나는 일-당의 독점적 지배 아래에서 주권을 행사하는 정부가 시장 메커니즘을 완전히 배제하고 획일적인 통제하에 경제를 운용하는 '공산주의' 체제이다.

두 체제는 제2차 세계대전 후에 서로 대립하는 냉전 체제로 발전했다. 냉전 체제의 특징은 첫째 자유주의와 공산주의의 사회 구조적 대립, 둘째 미소 간 힘의 양극화 내지 군사 블록화를 형성한 군사적 대치 상태, 셋째 양국의 핵무기 보유로 발달된 직접적 전쟁을 회피하는 극단적 적대 관계 등 정치적, 군사적, 사회적 대립으로 이해된

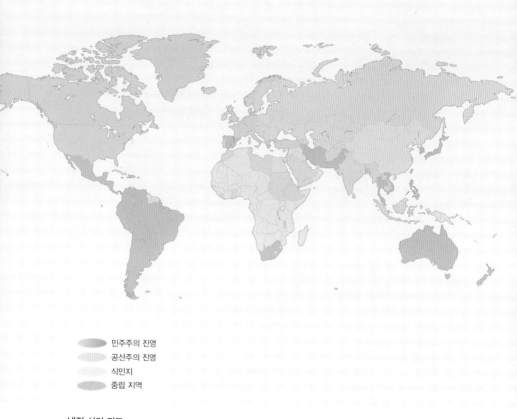

민주주의 진영
공산주의 진영
식민지
중립 지역

냉전 시기 지도

다. 하지만 실질적으로는 그 무엇보다도 경제적 문제가 깊이 관여되어 있음에 주목할 필요가 있다.

　냉전 체제하의 경제적인 특징은 1945년 2월 연합군의 승리를 위한 마지막 점검이 이루어진 얄타 회담에서 두드러지게 나타난다. 얄타 회담에서 앞으로 냉전의 주역들이 되는 미국, 영국, 소련 수뇌들이 모여 나눈 내용들은 어떻게 전쟁을 종결할 것인가보다는 전후 독일 점령 및 관리 문제, 배상 및 독일 영토 처리 문제 등 경제적 이권과 직결되는 상황들의 점검이었다. 특히 이 회담에서 연합군의 확실한 승리를 위해 미국과 영국이 제의한 소련의 대일 참전에 스탈린이 동의하는 비밀 협정도 맺어졌다. 스탈린은 참전을 승인하는 조건으로 사할린 남반부를 소련에 반환할 것, 쿠릴을 소련에 인도할 것, 소련의 뤼순旅順 조차권 및 다롄大連에서의 우선권 승인, 동청 철도 및 남만주 철도의 중-소 합자 경영 승인, 외몽골 현상 유지 승인 등을 요구하였다. 이 모두는 경제적인 이권을 중심으로 한 스탈린의 야망이었다. 하지만 스탈린은 제2차 세계대전의 종결을 앞세웠기에 경제 부분이 부각되지 않았다.

제2차 세계대전 후에 경제보다 정치적 문제로 냉전 체제가 부각된 데에는 초국가적 기구인 국제연합의 역할이 컸음을 알 수 있다. 대표적인 예로 공산주의 북한의 남침으로 시작된 '한국전쟁'이라는 국제 문제를 국제연합에서 표결에 부쳐 16개국이 '민주주의 체제 수호'라는 이름하에 연합국으로 참전한 것을 들 수 있다. 이때 민주와 공산이라는 두 체제이데올로기의 모습이 동서문제라는 주제 아래 냉전 상태로 극명하게 드러났다.

한국전쟁으로 냉전의 골이 깊어졌지만, 한편으로 그동안 집중하던 각 국가들의 민족주의적 개념을 초월한 지구촌 공통의 '어떤 의식'이 인류에게 심어지는 계기가 되었다. 결국 냉전 체제는 앞으로

한국전쟁

세계가 전 지구 단일 공동체로 가는 가교 역할을 하고 있음을 알 수 있다. 그러나 냉전 체제^{이데올로기}의 깊숙한 뿌리는 경제 문제임을 기억해 둘 필요가 있다.

남북
(선진국, 후진국)
문제

제2차 세계대전 후 세계가 하나 되려는 움직임이 차곡차곡 진행되고 있었지만, 아직 인류의 한 부분은 이런 움직임에서 동떨어져 있었다. 다시 말해서 국가라는 공동체를 형성하여 인간의 자유와 평등을 찾는 모습이 아직 이뤄지지 않은 곳이 있었다.

자유와 평등 의식이 표현된 시민혁명이 20세기 초에 아시아와 아프리카까지 파급되었지만, 당시에는 시민혁명의 성공률이 미약했다. 그 이유는 자본주의 강대국들이 펼친 제국주의 정책에 의해 독립이 방해를 받았기 때문이다. 하지만 제국주의를 지속하던 유럽 강대국들이 두 차례의 세계대전을 겪으면서 그 세력을 잃거나 변화를 겪다 보니 자유와 평등을 찾지 못하던 아시아와 아프리카 민족들에게도 독립의 기회가 왔다. 그리고 20세기 후반에는 거의 모든 민족들이 신생 독립 국가로 태어나게 되었다.

신생 독립국들은 민주주의나 공산주의 체제 중 어느 곳에도 쉽게 편입될 수 없는 열악한 경제적 혹은 정치적 조건을 갖고 있는 경우가 대부분이었다. 때문에 위의 두 체제 속에 편입될 때까지 국제

반둥 회의가 개최되었던 인도네시아 반둥의 AA 박물관

아시아 아프리카 회의

✚ Asian African Conference AA 회
의. 반둥에서 1차 회의가 개최됐으
며, 2차는 개최되지 않아서 AA 회
의를 '반둥 회의'라고도 부른다. 이
회의는 인도 총리 네루, 인도네시
아 대통령 수카르노, 중화인민공화
국 총리 저우언라이, 이집트 대통
령 나세르가 중심이 되었다.

사회에서 생존하려면 그들만의 공동
체 형성이 필요하다는 데 공감하고 있
었다. 공감대는 반둥 회의에서 결성된
'제3세계1955'와 '전全 아프리카 민족회
의1958'로 발전했다. 제3세계 국가 및
전 아프리카 민족회의 소속 국가들의
경제는 대부분 단일 경작 농업 구조로
되어 있어 자본 선진국들의 고도화된

자유무역을 도저히 따라잡을 수 없었다. 그렇기 때문에 국제 사회에

는 선진국과 후진국 사이에 경제적 격차가 확연히 드러나는 현상인 이른바 '남북문제'가 생겼다.

한편 1949년에 공산당 정부가 들어선 중국은 1945년 이후 시민혁명이 발생한 많은 국가 중에서도 독특한 경우이다. 19세기 후반까지 아시아 문화의 중심中華이었던 중국은 서구

중국을 공산주의 국가로 만든 마오쩌둥

열강에 의해 무참히 짓밟히고 20세기 초에 쑨원과 장제스에 의해 공화정이 들어섰다. 그러나 자본주의를 궤도에 올려놓지 못하다 보니 자유주의나 국민주의 정체 어느 쪽도 되지 못하였다.

제2차 세계대전 후에도 장제스 국민당 정부는 자본주의를 통한 자유주의 정체를 추구했는데, 이때 역시 농업이라는 기존의 경제 구조가 큰 걸림돌이 되었다. 여기서 마오쩌둥은 1940년대 중국공산당의 근거지였던 옌안에서 정치 문화 운동整風 運動을 3년간 시행하며 자신의 위치를 확고히 한 후 1949년에 중국을 공산국가로 만들었다. 그리고 철저한 국가 통제하에 자국의 산업 구조를 서서히 변화시키려는 쪽으로 가닥을 잡았다. 그러므로 중국이 신생 독립국으로 국제사회에 등장했을 때는 이데올로기로 인한 동서 간 냉전과 경제적 낙

후로 인한 남북문제를 동시에 안고 있었다.

경제적으로 낙후된 제3세계 상황들을 통해 20세기 후반 국제연합의 주된 활동을 살펴볼 수 있다. 국제연합은 남북문제를 해결하고자 국제연합 산하 기구로 유엔무역개발회의UNCTAD를 제네바에 창설하였고, 세계 각국에게 자국이 부국인지 빈국인지 관심을 갖게 하였다. 그럼으로써 국가나 민족을 초월한 '새로운 공동체 의식'을 생기게 하여 앞으로 지구 단일 공동체 형성에 가교 역할을 하게 되었다.

미래를 여는 열쇠 Check It

🔑 **남북문제**

국가와 민족을 초월한 새로운 공동체 의식을 생기게 하여 지구 공동체 형성에 가교 역할을 하였다.

아시아의
경제적
약진

남북문제가 지구촌 공동체 형성에 가교 역할을 했다고 정의할 수는 있지만, 막상 지구촌이 형성되려면 이 문제를 어떤 방향으로든 해결해야만 했다. 가능한 해결 방향을 보면, 하나는 지구촌 모든 국가가 가난해지는 것이고 다른 하나는 모든 국가가 부유해지는 것인데, 둘 다 허황된 것으로 여겨지기 쉽다. 그런데 실상은 후자의 방향으로 세계의 움직임이 나타나고 있다. 바로 아시아 신생 독립국들의 경제적 약진이 이를 보여 준다.

아시아 신생 독립국들은 먼저 단일 경작 농업 구조를 갖고 있는 경제 정책을 과감하게 수술하여 산업화에 알맞은 수출 세제 개혁, 원재료 수입 자유화 등의 자유무역 구조로 개편하였다. 다

아시아 4룡 시계 방향으로 대한민국, 타이완, 홍콩, 싱가포르

새마을 운동

음으로는 이들 국가들이 갖고 있는 장점인 인력 자원을 풍부한 자금과 기술을 갖고 있는 선진국들과 접목시켜 자유무역국으로 변화했다. 여기에 독립 당시 불안했던 정치가 안정권에 들어서면서 드디어 아시아 신흥 공업 경제국들^{아시아 4룡, 대한민국, 타이완, 싱가포르, 홍콩}이 등장했다. 대표적인 국가로는 한국전쟁의 폐허를 딛고 1960년대부터 새마을 운동을 통해 농업 구조의 개선과 기간산업 육성^{고속도로, 제철,} 제조업 활성화 등을 이루고 1980년대에 한강의 기적을 일군 대한민국을 들 수 있다.

이런 아시아 신흥 경제국들에는 유럽 선진국들과 다른 점이 있었다. 19세기 유럽 각국들은 자유방임의 원칙에서 시작한 자유무역 정책으로 경제적 부^富를 먼저 얻었고, 이후 문제점을 보완하기 위해 관리 경제 정책을 도입하였다. 하지만 아시아 경제국들은 처음부터 관리 경제로 수정된 자본주의 정책을 받아들여 이를 통해 경제적 부를 얻었다. 그러므로 아시아 신생 경제국들은 자유주의 정체의 원칙을 완전히 숙지하지 않은 상태에서 발생하는 문제점들을 조만간 겪게 될 수밖에 없었다.

더군다나 아시아 국가 대부분이 노동 집약적인 단일 경작 농업 구조에서 출발하다 보니 그들의 사고 역시 획일적이고 집단적이며 전제적인 통치를 받는 데 익숙해져 있었다. 사실 독립 직전까지도 많은 국가들이 왕권이나 식민 지배 상태에 있었다. 따라서 국민이 주인이 된 상태에서도 개개인의 자유보다는 혈연, 지연, 학연과 같은 지역 공동체 형성에 더 관심이 있었고, 누군가에 의해 통제되기를 바라는 의식이 그대로 남아 있었다. 이런 특성이 관리 경제 정책과 접목되면서 국가나 기업주에게 충성 봉사하는 독특한 경제 구조를 만들었다. 여기에서 탄생한 것이 바로 자기 기업 내에서 왕과 같은 권한을 누리는 기업주, 다시 말해서 재벌財閥이 탄생한 것이다. 그리고 재벌은 국가의 관리 경제 정책 그늘에 있어야 하다 보니 정경유착政經癒着이 필연적으로 생겼다.

비록 아시아적 관리 경제 정책으로 비약적인 경제 발전을 도모했을지 모르지만, 재벌이나 정경유착은 17~18세기 절대 왕권 때의 상황과 흡사하다. 따라서 새로운 혁명적 변화가 일어나지 않는 한 진정한 민주주의 체제하에 있는 국가라고는 보기 어렵다. 이런 상황에서 20세기 말미에 아시아 여러 곳에서 새로운 변화가 나타나고 있다. 그 변화는 외환 위기와 IMF를 통한 금융, 경제 구조의 조정이 요구되는 형태이다. 이런 조정 과정이 성공적으로 끝나면 아시아 국가들도 세계라는 하나의 공동체 속에 성큼 다가서게 될 것이다. 이런 구조 조정의 궤도 속에 순항하고 있는 나라에는 한국 등 4룡을 포함한 일부 동남아 국가들이 해당된다.

한편 메이지 유신 이후 근대화 작업을 통해 전통적으로 자본주의 속성과 전제 군주적 속성을 함께 갖고 있던 일본에서는 제국주의적 성향이 너무 강하게 나타났다가 제2차 세계대전에서 그 세력이 일단 꺾였다. 그 후 미 군정하에 있는 동안 관민협조형 관리 경제 정책으로 다시 일어서서 세계 최고의 경제 대국이 되었다. 그러나 드라마틱한 모습으로 올라선 현대 일본 경제 역시 이전의 전제적 의식 성향이 다수 남아 있어 진정한 민주주의라 부르기에는 한계가 있다.

궁극에 가서는 일본도 민주 체제하에 있고자 한다면 정치 및 경제 전면에 있어 민주 체제가 요구하는 구조로 재조정되어야만 한다. 그런데 진행 과정상 아마도 고통이 심할 것이다. 특히 일본 경제 자체가 그동안 세계 경제의 흐름에 너무나 깊숙이 관여되어 있다 보니 자국의 노력만으로는 구조 조정의 실현 여부가 불투명해 보인다. 다행히 21세기에 들어서면서 경제의 중심이 중국으로 옮겨 가며 일본의 구조 조정을 위한 외적 환경은 많이 부드러워진 듯하다. 하지만 내적으로는 전제 군주 천황을 위해 목숨을 버린 제2차 세계대전 전범들이 있는 야스쿠니 신사에 참배하고, 집단적 자위권 행사 허용 시에도 강경 우파들이 여전히 소리를 내는 등 민주 체제로의 구조 조정은 답보 상태에 있는 듯 보인다.

미래를
여는
열쇠

Check It

🔑 아시아의 경제적 약진

민주주의의 완성을 위해 남북문제가 어떻게 풀려야 하는지 실마리를 보여 준다.

공산주의
체제
붕괴

세계 단일 공동체 형성에 걸림돌이 된 남북문제가 아시아의 경제적 약진으로 매듭이 풀리는 조짐이 보였다면, 다른 걸림돌인 공산주의와 민주주의라는 두 이데올로기로 빚어진 냉전 체제는 공산주의의 붕괴로 매듭이 풀렸다.

민주주의에서는 국가가 관리를 하지만 경제 활동에 있어서 각자의 자질에 맞는 자유로움이 주어지므로 능력을 십분 발휘할 수 있다. 그리고 개개인의 경제적 결실은 국가가 관리하는 대가로 일부를 세금 형식으로 거두어들여 일정 한도 안에서의 평등이지만 국민 모두가 경제적 혜택을 받을 수 있도록 조정한다. 그러므로 자유와 평등 문제가 모두 다뤄지기 때문에 경제 발전이 지속된다. 물론 민주주의도 신자유주의를 통해 부익부 빈익빈이 더욱 극렬히 드러나는 등 문제를 여전히 안고 있다. 이는 계속 풀어야 할 숙제이다. 하지만 더 큰 문제는 공산주의 체제에 있다.

공산주의도 관리 경제의 한 형태를 지향하지만, 경제를 자유방임적 메커니즘하에서 운영하는 것을 부인하고 정부 계획으로 철저히 관리, 통제하는 것이기에 개개인의 자유가 배제된 평등만이 강조될 수밖에 없었다. 그런데 자유가 배제된 평등이란 분명히 한계를 노출하게 되어 있다. 왜냐하면 개성에 따라 발휘할 수 있는 능력을 전체의 평등을 위해 희생하게 하다 보면 일정 이상의 경제 발전을 기대할 수가

소련 붕괴의 주역 고르바초프

없기 때문이다. 이는 공산주의가 계획과 통제 안에서 급속히 발전할 수 있다는 원래의 이론과 모순된 모습이다.

공산주의의 모순이 극에 달하자 이 체제하의 국가들은 스스로 경제적 변화의 움직임을 보였다. 궁극에 가서 이 국가들은 민주주의 방식을 채택하였다. 첫 번째 예는 공산주의 원조국인 소련이다. 소련에서는 고르바초프가 사회주의 경제에 민주주의를 도입하려는 페레스트로이카개혁와 글라스노스트개방를 시도하였다. 그 결과 주변 위성국들동유럽과 동독은 먼저 민주주의로 돌아섰고, 자신도 공산주의를 포기하게 되었다.

두 번째 경우는 중국이다. 중국은 1949년 공산 정권을 수립할 때부터 신중하게 자국의 경제력을 개선하고자 공산주의를 채택하였기에 체제의 문제점을 발견한 후에도 상당히 조심스러운 움직임을

천안문 사태

보였다. 1972년 핑퐁 외교로 서방 민주주의와 교류의 가능성을 타진하더니, 아시아 신흥 경제 국가들^{대한민국, 홍콩, 싱가포르, 타이완}의 예를 보며 1987년에는 민주주의의 도입을 기도하였다. 그러면서도 그들의 신중론은 천안문 사태를 서방형 민주주의로 향한 급진적인 변화의 움직임이라 보고, 강하게 진압하게 했다. 그러나 자신만의 방식으로 변화를 계속하여 중국은 1992년에 사회주의 시장 경제 정책을 국제적으로 선포하는 단계에 이르렀다. 21세기에 들어선 오늘까지 중국은 공산주의의 뼈대를 그대로 유지하고 있지만, 오래지 않아 민주주의를 온전히 채택할 것임을 예상해 본다.

공산주의의 두 거두가 무너지거나 변화하고, 여타 위성국들마저 무너지는 데서 두 가지 의의를 확인할 수 있다. 첫째, 이데올로기 문제로 다뤄지던 동서문제가 사실상 경제 문제로 해결된 것이다. 즉 동서문제는 처음부터 문제의 중심에 경제가 있었음을 알 수 있다. 둘째, 동서문제가 사라진 뒤 민주 자본주의라는 하나의 체제로 세계가 만들어지고 있다. 이로써 세계가 하나의 공동체가 된다는 말이 실감 나게 다가온다.

그러나 각 국가들이 민주 자본주의 체제하에 얽혀 있는 지금의 세계, 그 속에서 우리 각자가 자유, 평등한 삶을 진정으로 누릴 수 있는지는 아직 의문이다. 다시 말해서 민주 자본주의 원칙하에 개개인이 재능을 자유롭게 활용하여 이뤄낸 재력을 국가의 관리하에 얼마나 공평하게 다른 사람들과 나누어 가질 수 있을까? 또 선진국이 후진국에게 평등을 위한 분배를 얼마나 할 수 있을까? 결국 남북문제는 그대로 있음이 확인된다. 그러므로 지구촌이라는 하나의 공동체 안에서 인류가 각자 자유롭고 평등한 삶을 누린다는 목표의 달성은 아직 멀게만 느껴진다.

미래를 여는 열쇠 *Check It*

🔑 **공산주의 체제의 붕괴**

그동안 정치적 이데올로기로 여겼던 문제의 중심에는 결국 경제 문제가 있었음을 확인하게 해 준다. 이로써 지구촌 공동체 안에서 자유롭고 평등한 삶을 누리려면 경제 문제가 풀려야 한다는 것을 인식하게 되었다.

유럽연합과
세계무역기구
(WTO)

공산주의 체제의 붕괴로 이데올로기적 대립이 사라지자 남북문제만이 세계의 관심 대상이 되었다. 특히 아시아 신흥 경제국들의 경제적 약진은 기존 선진 유럽과 북미 지역 국가들과의 경제적 우위를 향한 경쟁으로 비약되었다.

아시아 국가들의 급속한 경제 성장과 공산주의 체제 붕괴 후 민주주의 체제의 주역으로서 미국의 역할이 커진 점 등을 보며 가장 민감하게 반응한 곳은 유럽 국가들이었다. 이들은 일찍이 국민에 의한 공화정과 자본주의를 얻고자 피를 흘리고 그 첫 열매를 거둔 곳인데, 이제 세계라는 큰 울타리 속에서 후발 자본주의 국가들에 의해 자꾸 밀려나는 느낌을 받게 된 것이다.

이에 유럽이 택한 최선의 방법은 국제연합 성립 이후 그들의 의식 속에 줄곧 심어졌던 국가 개념을 초월한 의식을 받아들여 유럽 민족 국가들을 연합하자는 것이었다. 이런 방법이 구체화될 수 있었던 것은 양차 세계대전을 겪은 후 황폐해진 유럽을 바라보며 그들 스스로 '옛 유럽의 영광을 되찾자'라는 의미로 유럽 나라 간 협력

1834년
1866년까지 확장된 지역
1866년 이후 탈퇴한 지역

독일 관세 동맹, 1834~1866년

가능한 공동체 기구들ECSC, EEC, Euratom을 만들면서부터이다. 이 기구
들은 1967년에 유럽 공동체로 발족되었고, 1992년에 마스트리히트
조약으로 유럽연합의 마스터 플랜을 드디어 국제 사회에 올려놓게
되었다.

유럽 각국들은 연합으로 가는 첫 단추를 경제적인 통합에서 찾게
되었는데, 이는 19세기 독일 통일이 모범적 예가 되었다. 당시 독일

유럽연합 기

은 18개의 소국가들로 구성되어 있었는데, 1834년에 관세 동맹으로 이들의 경제를 하나로 엮었다. 그때부터 통일의 기운이 감돌았고, 1871년 통일국이 됐음을 세계에 선포하였다. 지금 유럽도 마찬가지이다. 독특하고 개성적인 역사와 문화를 갖고 있는 국가들이 하나가 되는 것은 꿈같은 일처럼 보인다. 하지만 1990년과 1993년에 두 단계를 거쳐 경제적인 통합의 기초가 서고, 1999년부터 유로EURO라는 단일 통화를 사용하였다. 21세기에 접어든 지금 유럽연합이라는 정치적 통합, 다시 말해서 새로운 정체가 성립되기에는 아직 넘어야 할 산들이 많이 보인다. 하지만 꽤 공감대를 형성하고 있음은 사실이다. 물론 유로는 단일 통화로서 그 존재감을 보인 지 오래이며, 2014년 현재 28개국이 유럽연합에 가입한 상태이다.

유럽의 공동체적 움직임은 다른 지역에도 영향력을 미치고 있다. 아시아 국가 간에 경제적 공동체를 꾀하는 에이펙APEC이나 아메리카 대륙에서의 나프타NAFTA 같은 자유무역 공동체가 그것이다. 이들이 조만간 '국가연합' 형태의 새로운 정체를 지구촌 곳곳에서 선보이는 것도 불가능한 일은 아닌 것 같다. 이런 정체가 들어서면 19세기 이후 지속된 민족 중심 국가의 의미가 완전히 상실된 새로운 세계가 펼쳐지는 것이다.

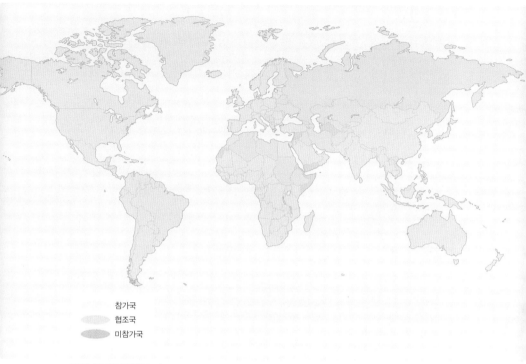

참가국
협조국
미참가국

WTO 참가국 현황(2005)

위와 같은 조짐과 관련하여 구체적인 움직임을 엿볼 수 있는 기구가 현재 우리들 가까이에 있다. 국제연합은 분명히 국가 개념을 초월한 국제기구지만, 민족 중심의 국가가 존속할 때 그 역할을 하는 것이다. 그러나 국가적 개념이 확연히 사라지고 있는 유럽연합이나 다른 경제 공동체, 국제적으로 경영하는 다국적 기업이 성행하는 상황에서는 이 기구의 역할에 수정을 가할 필요가 있었다.

1947년에 맺어진 가트General Agreement on Tariffs and Trade, Gatt는 가맹국

간의 자유경제 원칙을 지속하여 보호무역화되지 않도록 하며, 각국 간 무역 분쟁을 조정하려는 것에 동의하여 구성한 규칙이었다. 이는 단지 규칙이다 보니 강제성이 없어서 이를 위반하는 국가들이 많이 등장했다. 거기에다 가트를 주도하는 국가가 미국이었으니 자국의 이득을 위한 선별적 조치들이 많아서 다른 국가들의 원성을 계속 듣게 되었다.

이런 가트의 문제점을 보완하고자 1986년 우루과이에서 다자간 무역협상Uruguay Round, UR을 하였고, 그 결실로 1995년 무역 분쟁 및 자유무역 원칙 고수를 국제법으로 강력히 대처할 수 있는 세계무역기구World Trade Organization, WTO가 탄생했다. 세계무역기구는 국가의 개념을 초월한 경제 공동체를 실질적으로 중재할 수 있는 구심점이 되는 국제기구로 자리 잡고 있다. 이런 의미에서 세계무역기구의 행보에 주목할 만하다.

미래를 여는 열쇠
Check It

🔑 유럽연합과 WTO

지구촌이라는 하나의 공동체 안에서 인류가 각자 자유롭고 평등한 삶을 누리려면 경제 관련 문제점이 해결돼야 한다는 인식을 확정시켜 준다.

다섯 번째
동서 문화 교류
정보로

세계가 하나가 되는 조짐은 국제연합에서 시작하여 공산주의 체제 붕괴와 남북문제의 와해 그리고 유럽연합으로 윤곽이 잡히고, 세계무역기구에서 훨씬 구체화되고 있음을 발견할 수 있다. 이런 조짐 속에서 실질적 구성원인 우리 인간들에게 지구촌이라는 단일 공동체 의식은 어느 정도 자리 잡고 있는가?

1947년 이후 컴퓨터가 급속하게 발전하였고, 오늘날에는 일반 가정에까지 보급되어 인간 사회에 대단한 변혁을 일으켰다. 그중 주목할 것은 바로 인터넷이다. 인터넷을 통해 지구 구석구석까지 정보사냥을 할 수 있게 되는데, 이를 통해 동서의 구별과 국가 간의 경계가 사라졌다.

지금은 인터넷에서 파생된 소셜 네트워크 서비스Social Network Service, SNS를 통해 지구촌 누구와도 분초를 다투며 교류한다. SNS는 특히 직접 대면해서 대화하는 것과 같은 기능까지 가능하게 했다. 이로써 서로의 문화가 인간의 감정과 이성을 깊이 융합되게 해 주었다. 그러면 혹자는 인터넷을 접하지 못하거나 다루지 못한 부류들이 있

정보혁명 중심에 있는 페이스북 설립자 마크 주커버그

으니 인류 모두를 대상으로 할 수 있느냐고 반문할 수 있다. 이에 대해서는 인터넷으로 들어온 정보가 신속하게 TV, 라디오, 신문과 같은 매체로 연결되어 누구에게나 전달되고, 작금에는 TV에 직접 인터넷이 접속되는 등 여러 기능이 급속히 대중화되고 있다고 대답할 수 있다. 이런 것은 그동안 인류 역사에서 한 번도 경험해 보지 못하였기에 '정보혁명'이라고 한다.

정보혁명이 인류에게 미치는 파급 효과는 실로 엄청나다. 그 실례로 21세기를 카운트다운 하던 때에 세계는 '밀레니엄 버그^{Y2K}'의 공포에 휩싸였다. 밀레니엄 버그란 '2000년'이라는 연도를 컴퓨터가 인식하지 못하게 프로그램되어 있어 21세기에 들어서자마자 컴퓨터와 관련된 모든 환경이 마비되고 혼돈에 빠진다는 것이었다. 다행히 그런 일은 일어나지 않았다.

여기서 생각해 볼 부분이 있다. 밀레니엄 버그는 정보혁명만 강조

밀레니엄 버그를 표현한 그림

하다가 인간의 삶을 너무 인터넷에 의존하여 인간 스스로의 존엄성^{자유와 평등}이 인간 스스로의 결정으로 보존된다는 생각을 간과해 버린 경우에 대한 경고란 점이다. 정보혁명이 새로운 인재^{人災}가 된 것이다. 인간을 염두에 두지 않고 시작한 산업혁명에서 만들어진 자본가와 노동자 계급, 이 사이에서 생긴 부자유와 불평등도 아직 해결되지 않았다. 그런데 또다시 정보혁명의 문제점이 대두되었다는 것은 냉철하게 생각해 볼 문제이다. 그리고 더 깊이 빠져들기 전에 인간이 중심에 서서 분명하게 다루어 나가야 할 것이다.

한편 정보혁명이 가져다준 긍정적인 효과를 살펴보면 대단하다. 그동안 동서 교류의 통로였던 사상로, 육로, 해로, 항공로 등은 시간적인 문제 때문에 동과 서, 어느 한쪽으로 문화가 치우치는 경향이 있었다. 하지만 정보로情報路에서는 시간적 문제가 완전히 극복되었기 때문에 문화가 어느 쪽으로도 치우치지 않게 되었다. 이는 우리 개개인의 의식 속에서 민족, 국가라는 의미가 희석되게 해 주고, 인간은 하나라는 인류 의식을 정착시키고 있다고 해도 틀린 말이 아닐 것이다.

미래를 여는 열쇠
Check It

🔑 정보로

인간의 의식 속에서 민족과 국가의 의미를 희석시키고 우리는 하나라는 인류 의식을 정착시켰다.

리우
국제 환경회의

이 글을 시작하면서 역사란 '인간이 함께하는 삶 속에서도 자신만의 자유, 평등을 계속 유지할 수 있는 이상적인 방법을 과거의 사실들을 통해 확인하려는 것'이라 정의했다.

그러면 21세기 현재 지구촌이란 공동체 의식 속에서 인간이 자신의 자유와 평등을 유지한다는 의미는 어느 정도까지 이해되고 있을까? 17~18세기 시민혁명에서 자유를 찾기 시작하여 19세기에는 자유주의와 민족 국가에서 활용한 자본주의를 통해 평등을 찾았다. 그러나 자본주의가 만든 두 계급의 문제, 즉 자본가 계급과 노동자 계급 사이에 생긴 빈부의 차로 인한 부자유와 불평등은 지금도 풀리지 않고 있다. 이는 국가 혹은 지구촌 어떤 공동체에서도 실타래처럼 엉켜 있어 공동체에 속한 인간^{우리} 모두가 진정한 자신만의 자유와 평등을 가지지 못한 상태이다. 또 정보혁명의 부작용도 자유와 평등의 유지 및 완성에 만만찮은 방해가 되고 있다.

생각해 보자. 인간의 진정한 자유와 평등을 찾고자 피를 흘리며 이룩한 민주^{자본}주의지만, 만약 이들이 잘못되었다면 과감히 버리고

리우 회의

다시 출발하는 것이 논리적일 것이다. 그러나 역사의 진행 상태를 이해하면, 이 방법 말고는 인간의 자유와 평등을 이만큼이라도 이뤄 낼 수 있는 길이 없음을 누구나 알게 될 것이다. 때문에 역사의 진행 속에서 어떻게든 해결점을 찾아야 하는 것이 인류^{우리}가 갖고 있는 숙제임이 분명하다.

그러나 현재까지 숙제로 주어진 자본가 계급과 노동자 계급 사이 의 부자유와 불평등 현상은 도저히 풀어질 기미가 보이지 않는다. 오히려 자본주의하에서 부자유와 불평등 현상이 심각해지면서, 인 간이 그동안 피를 흘리고 이룩해 온 자유과 평등의 가치가 격하되 고 있다. 세상은 중금주의重金主義 의식에 깊이 빠져, 돈이 있으면 행복 하고 돈이 없으면 불행하다는 이분법으로 진행되고 있다. 더군다나 오늘날에는 이런 심각한 현상을 풀 열쇠가 될 인문학을 통한 인성 교육보다 자본주의의 결과물을 얻는 현실 교육이 인간, 국가, 세계 가치관의 중심에 놓여 있다. 그렇다 보니 중금주의 의식은 하늘 높은 줄 모르고 더 치솟고 있다.

리우 지구 선언 로고

이런 상황 속에서 1992년 리우에서 개최된 국제 환경회의는 색다른 의미를 역사 속에 던져 주었다. 1972년, 인간의 사회 환경 개선을 위한 스톡홀름 인간환경회의가 전신이며, 1989년에는 21세기 세계 환경 보호와 산업 개발에 관한 국제적 정책 수립을 위한 유엔 환경개발위원회UNCED가 발족되었다. 그리고 이 위원회의 실질적 행동을 위해 1992년 세계 각국이 브라질 리우데자네이루에 모여 리우 선언지구 헌장과 아젠다 21Agenda 21, 21세기 활동 청사진을 결의하기에 이르렀다. 이는 돈이면 무엇이든 가능하다는 작금의 세태와 전혀 다른 모습을 띤다.

리우 회의는 마치 중세 신 중심 사회에 반기를 들고 인간성의 재발견을 표현한 르네상스 운동처럼 돈과 경제 우월주의에 반기를 들고 인간 삶의 가치 및 자연의 회복을 추구하는 제2의 르네상스와 같은 모습이다. 리우 회의 이후 인류는 삶의 가치를 다시 돌아보고, 후손들이 살아야 하는 미래의 지구 환경을 지키고 돌보고 사랑하는 데 심혈을 기울이게 되었다. 그러다 보니 유해한 것이라도 돈만 벌면 된다는 경제 활동 인식에 변화가 생겼다. 무해한 상품을 생산하는 산업이 아니면 경제 활동의 대상이 될 수 없다는 인식으로 바뀌면서 돈보다 중요한 '무엇'이 생기기 시작한 것이다. 물론 세상에서는 이런 환경 정책조차 선진국만이 누릴 수 있는 특권이고, 후진국에게는 제제 도구가 되어 부국과 빈국의 문제가 더욱 심화될 것이라고도 한다. 그렇지만 리우 회의가 돈보다 더 귀한 것이 있다는 의식의 전환을 표현했다는 것은 주목할 만하다. 왜냐하면 이런 의식의 전환이 현 민주주의 체제에서 도저히 풀리지 않을 것 같던 인간의 진정한 자유와 평등 문제에 실마리를 제공해 줄 가능성이 높기 때문이다.

역사에는 개개의 인간이 공동체 삶 속에서도 자신만의 자유와 평등을 유지할 수 있는 방법을 찾아가게 해 주는 힘이 있다. 그러므로 오늘도 역사는 '민주주의 체제하에서 인간의 진정한 자유와 평등의 문제가 해결될 수 있을까?'라는 주제로 이야기 타래를 계속 풀어내고 있다.

　여기서 갖게 되는 의문은 역사의 시작부터 피와 땀을 흘리며 풀어 나간 개개인의 자유와 평등의 문제가 아직도 완결되지 않은 것은 도대체 어떤 이유일까 하는 것이다. 혹시 초기 역사에서 보이던 제국 등의 공동체 속에서 희생을 강요당하던 개개인이 자신의 자유와 평등의 회복을 너무 강조하다 보니 도리어 '나만 잘살고, 나만 행복하고'라는 이기적인 사고만 커진 것은 아닌지. 만약 그렇다면 문제를 풀 수 있는 열쇠는 바로 아가페적 사랑_{희생을 통한 이웃 사랑}일 것이다.

　자유와 평등을 추구하는 역사의 과정을 살펴보면 아가페적 사랑은 처음부터 우리 주위를 줄곧 맴돌고 있었다. 기원전 6세기경에 정립된 주요 사고 체계들을 통해 그 대표적인 경우를 알 수 있다. 당시 헤브라이인에게 여호와 하나님이 명한 십계명은 한마디로 '주 여호와를 사랑하고[1~4계명] 이웃을 사랑하라[5~10계명]'라는 것이었다. 같은 시기에 인도에서 시작된 불교의 가장 큰 교리는 자비慈悲인데, 이를 풀어 보면 '만물을 사랑하고 가엾게 여김'으로써 아가페적 사랑을 강조한 것이다. 중국 유교를 연 공자의 가르침인 인仁도 궁극에는 '남을 가련히 여기고 동정하다'로 축약할 수 있는데, 이 역시 아가페적 사랑을 의미한다. 서기 7세기에 성립된 이슬람교도 만민 평등 사상으로, 이웃을 향한 아가페적 사랑이 녹아 있다.

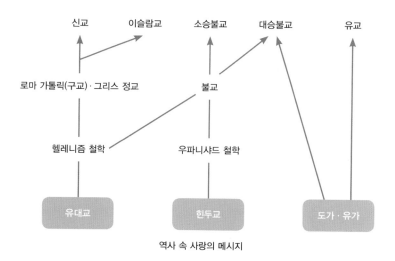

역사 속 사랑의 메시지

이렇듯 인간이 사고를 정립할 때부터 세계 곳곳에서는 이웃 사랑의 중요성에 대한 외침이 한순간도 끊이지 않았다. 특히 인류를 위해 몸소 실천한 예수 그리스도의 아가페적 사랑이 서기 313년 로마 제국의 기독교 공인으로 이어졌고, 이를 계승한 기독교 문화를 통해 자유와 평등을 찾는 유럽인의 의식 속에 본격적으로 스며들었다. 그리고 1789년 인권선언서에는 인간이 갖고 있는 자연권인 자유, 평등과 함께 박애博愛, 이웃 사랑라는 모습으로 세계에 공표되었다. 그러면 오늘날에는 자유, 평등과 함께 박애가 우리 삶 속에 얼마나 깊이 관여되어 있는 것일까?

오늘날 세계가 민주주의 체제 안에서 평화를 유지하고자 가장 신경을 쓰는 것이 자유무역화의 의지 여부이다. 만약 자유무역화가 지켜지지 않으면, 세계는 지역별로 보호무역화되면서 정치적, 외교적 문제가 대두될 것이다. 그러면 자칫 두 번이나 경험한 세계대전을 다시 경험해야 할지도 모른다. 새로운 세계대전이 발생한다면 인류의 멸망이 자명한 만큼, 이런 상황까지 가지 않도록 모든 국가와 인류가 책임감을 갖고 지켜보는 것이 지금 상황이다.

특히 제2차 세계대전 후의 세계는 지구 공동체적 움직임 속에서 정치적, 이념적, 경제적 이권들이 서로 사슬처럼 얽혀 있다. 그렇다 보니 자국의 이권을 보호하고자 다른 나라들을 돌아봐야 하는 독특한 원칙을 갖게 되었다. 특히 2001년 도하 라운드를 통해 선진국들은 자유무역하의 독점적 이권 추구와 맞물려 보호무역으로 돌아서려는 후진국들에게 어쩔 수 없이 일부 이권을 양보하고 도와주어야 하는, 본의 아닌 수동적 이웃 사랑을 실천하게 되었다. 이는 자본주의 안에서 풀리지 않는다던 자유와 평등의 문제가 해결될 실마리로 주목된다.

한편 1990년대 초에 리우 선언이 있은 뒤 지구촌은 자연, 인간, 산업의 환경을 보호하는 데 각별히 신경 쓰고 있다. 이 기본적인 세 가지 환경이 지켜

인권선언
✦ 1789년 8월 26일
✦ 자유, 평등, 박애
✦ 프랑스 국민들의 선언인 동시에 인류 보편의 것

도하 라운드
✦ 2001년 11월 카타르 도하에서 개최된 WTO 제4차 각료 회의에서 합의된 다자 간 무역 협상
✦ 경제 발전에서 제외된 지역까지 혜택을 주자는 내용

지지 않으면 인류에게는 멸망의 길밖에 없고, 이는 개개인의 생명과도 밀접한 문제이기 때문이다. 사실 지금까지의 근대화 과정에서 자신의 욕구를 채우려면 자연, 인간, 산업 환경은 당연히 파괴되어야 했다. 하지만 누구나 자신의 생명을 더 소중히 하기에 점차 욕구를 줄여 나갈 수밖에 없게 되었다. 결국은 자신의 생명 보존을 위해 본의 아니게 환경 보호라는 이웃 사랑을 실천해 가고 있는 것이다.

대표적인 경우가 교토의정서^{1997. 12}이다. 선진 38개국이 모여 2008년에서 2012년 사이에 온실가스 배출량을 1990년대보다 5.2퍼센트 줄이겠다고 뜻을 모은 협약이다. 이 협약은 21세기에도 계승되어 2012년에 카타르 도하 유엔기후변화협약으로 진행되었다. 그러나 '빅4^{미국, 중국, 일본, 러시아}'가 교토의정서 2라운드에 불참하기로 하면서 사

실상 빈껍데기로 전락했다. 여기서는 수동적인 박애의 한계를 볼 수 있다.

결국 수동적으로 실천하는 이웃 사랑만으로는 자본주의하에서 자유, 평등 문제가 근본적으로 해결될 수 없음을 알 수 있다. 이는 과거 역사에서도 그 사례를 찾을 수 있다. 고대 그리스에 자유와 평등을 되찾을 수 있는 직접 민주공화정이라는 정체가 등장했음에도, 인간 스스로 자유와 평등의 필요성을 의식화하지 않았기에 문제점이 존재했다. 바로 노예제가 존속했던 것이다. 반대로 역사 속에서 인간 스스로 자유와 평등을 절실하게 필요로 하여 능동적으로 찾아간 사례가 바로 19세기 자유주의 정체를 연 영국이다. 1833년 7월 27일에 윌리엄 윌버포스William Wilberforce의 노력으로 영국에서는 노예제가 폐지되었다. 이로써 영국에 있던 87만 명의 노예가 해방되었다.

위와 같은 역사적 사례를 보아 자본주의하에서 자유, 평등의 문제를 근본적으로 풀려면 현재까지 보인 수동적인 박애에서 능동적인 박애로 전환해 실천할 필요가 있다. 이를 위해 종교계와 철학계, 역사학계도 기꺼이 최선을 다해 동참해야 한다.

앤서니 기든스의 《제3의 길》에서 이론적 동역자인 뮌헨 대학의 울리히 베커Ulrich Beck 교수는 그의 이론인 〈성찰적 근대화〉에서 민족 국가 형성, 모두가 비슷한 선택을 누릴 수 있는 생활양식, 완전고용 사회 복지의 신화, 산업화를 통한 부의 축적 등 근대화는 손꼽을 수 없을 정도로 인간 삶의 질을 높여 주었다고 했다. 동시에 근대화의 또 다른 모습인 지구화, 국제화가 민족 국가를 흔들어 놓고, '내 인생 내 입맛대로'라는 개성화된 취향이 함께 누리던 생활양식을 무너뜨리고, 실업 사태와 아르바이트 노동이 완전고용을 깨뜨렸으며, 지구가 환경적인 재난에 허덕이게 만들었다고 주장했다.

이런 주장과 함께 베커 교수는 근대화의 양면성을 포용할 수 있는 '개인 위주로 살면서도 남을 위하는 애타적愛他的 개인주의'가 앞으로의 삶의 원리라는 주장을 폈다. 그는 이런 삶의 원리를 믿고 실천하려는 세계 시민들에게 '지구적 시민 사회', '지구적 민주화'를 제창하였고, 동시에 지향해야 할 도덕으로 '나부터 먼저Me—First' 운동을 언급했다. '나부터 먼저' 운동은 직역하면 마치 이기주의로 돌아가자는 것같이 보인다. 그러나 공동체 속에서 개성 강한 각각의 시민들이 나부터 먼저 민주주의를 실천하자는 것이며, 이런 다채로운 개입이 미래의 도덕을 만들어 간다는 것이다. 베커 교수는 이를 실천할 수 있는 예로 개개인의 실천이 중요한 '에이즈 퇴치' 운동이나 '썩은 강물 되살리기' 운동을 지적하였다. 자본주의하의 자유, 평등 문제를 근본적으로 풀기 위해 함께 생각해 볼 아이디어인 것 같다.

역사는 너무나 많은 과정을 드라마틱하게 연결해 주면서 지구라는 거대한 공동체 속에서 우리 각자의 자유와 평등 그리고 박애라는 고유의 자연권을 일깨워 주고, 되찾게 해 주고 있다. 동시에 앞으로 우리가 어떤 위치에서 무엇을 추구해야 할지, 그 방향도 제시해 주고 있다. 필자는 이 글을 마치면서 바로 역사 그 자체가 오늘날 얻으려는 우리 삶의 열쇠가 아닌가, 이 열쇠를 갖고 있으면 우리 미래를 새롭게 열 수 있지 않나 마음속으로 한번 되뇌어 본다.